以研促教 以德育人

董雪梅 / 著

从班级管理到班级文化

中国出版集团　现代出版社

图书在版编目(CIP)数据

以研促教　以德育人：从班级管理到班级文化 / 董
雪梅著. — 北京：现代出版社，2021.3

ISBN 978-7-5143-9023-0

Ⅰ.①以… Ⅱ.①董… Ⅲ.①中小学—班主任工作
Ⅳ.①G635.16

中国版本图书馆CIP数据核字（2021）第040121号

以研促教　以德育人：从班级管理到班级文化

作　　者	董雪梅
责任编辑	袁　涛
出版发行	现代出版社
地　　址	北京市安定门外安华里504号
邮政编码	100011
电　　话	010-64267325　64245264
网　　址	www.1980xd.com
电子邮箱	xiandai@cnpitc.com.cn
印　　制	北京政采印刷服务有限公司
开　　本	710mm×1000mm　1/16
印　　张	11.25
字　　数	180千
版　　次	2021年3月第1版　　2021年3月第1次印刷
书　　号	ISBN 978-7-5143-9023-0
定　　价	45.00元

目 录

CONTENTS

上 篇　教育理念

下 篇 德育研究

上篇

教育理念

　　有效的教育建立在家校合作基础之上。寒暑假生活重建研究，让我们看到了学期前、学期中、学期后不同时段的学习衔接。教育理论的思考，使我们更明晰教育的出发点和归宿以及过程中的方法和策略。课题报告的撰写，有助于我们建构教育思维，站在科学理性的高度，教天地人事，育生命自觉。

第一章 家校合作共育

心理咨询与指导在学生整体素质
提升中的地位和作用

随着现代生活节奏的加快，生存压力普遍加重，人们往往忽略了起码的肌体放松和心理调整，情感方面也缺少悉心关怀和细致呵护，因此心理问题也随之出现。美国心理学家、人本主义心理学主要代表人物卡尔·罗杰斯认为，当现实的自我与理想的自我两者不平衡时，就会有各种各样的反差和摩擦出现，从而导致心理问题的产生。

如今的中学生，也经常会因为学业竞争压力普遍过重或父母的期望值普遍较高等因素影响，而产生这样或那样的心理问题。他们经常会因为成绩、交友、成长等问题而忧愁烦恼，轻则愁容满面，好似苦不堪言；重则离家出走，甚至跳楼自杀。学生的心理问题已像一座大山，清晰地呈现在每一位教育工作者面前，是当下教育工作中非常棘手而又必须面对的一个重大课题。

对于学生普遍存在的心理问题，我们可采取多种方法予以解决，但目前最常用的也是最有效的方法当属心理咨询与指导。心理咨询就是运用心理学的原理、原则和方法，通过语言、文字或其他形式给咨询对象以帮助、疏导、启发和教育的过程。它可以直接地了解学生的心理状况，倾听咨询者的心声，提出可行性建议，及时进行沟通疏导，培养学生积极的人生观，使学生形成健全的人格。通过心理咨询和指导，因材施教、因人施治，有效地提高学生的心理素质，促使初中生在德、智、体、美、劳等方面全面发展，为学生素质的全面提升起到积极的推动作用。

心理咨询与指导的主要内容可以分为学习问题咨询、适应问题咨询、成长与发展问题咨询三大领域。

1. 学习问题咨询

学习问题具体表现为：学习上随大流，不靠前不落后；态度上不主动，不刻苦不努力。这些情况属于从众心理。课堂上不积极，不动脑不发言；课外作业不认真，不保质不保量。这些行为属于应付心理。对待学习兴趣索然，或倦怠或走神；课外作业总是拖拉，提到学习心烦意乱。这些现象属于厌倦心理。寻找产生学习困难的根源，可能是学生学习能力差、身体疲劳、记忆力衰退，也可能是学生对学习不感兴趣或者没有养成良好的学习习惯，但根本原因在于这些学生的学习目的不是很明确，缺乏理想信念。

对学生进行心理辅导需要提出解决问题的方案，如合理的学习计划，符合个人条件的学习目标、学习方法、笔记方法、考试答题方式，对知识的记忆术，有效利用学习参考书等，并进行相应的心理辅导。

2. 适应问题咨询

适应问题可分为行为问题和人格问题两大类。重大的行为问题如偷窃、暴力、伤害、恐吓、欺辱、自杀倾向、自杀未遂等，轻度的行为问题如厌食、失眠、夜惊、吮指、神经质、说谎等。具体表现为：在家不听父母话，在校不听老师话；故意扰乱课堂纪律，偶尔会有逃课现象；对学校倡导的事往往对着干，甚至搞点恶作剧或严重破坏公物等，这些行为属于逆反心理。在家怕家长检查作业，在校怕老师课堂提问，怕被老师叫到办公室，怕学校召开家长会，甚至害怕毕业升学，经常在提心吊胆中过日子，这些情况属于恐惧心理。遇到此类问题，我们要用发展的眼光看待。其中有些是短时性问题，在适当的教育环境中会逐渐消失。有些则属于人格问题，其中严重的如神经质，应与神经科医疗专家联系治疗；轻度的如劣等感（缺乏自信、自我封闭）、嫉妒、不安、怠惰、偏执等，需要对其进行行为习惯、态度情绪等方面的调整。

3. 成长与发展问题咨询

成长与发展问题主要是关于学生如何做到德、智、体、美、劳全面发展的问题，其中包括人生观、价值观的确立，对自我潜在能力和学习特点的理解与把握，自我社会性的发展和将来人生的设计，进入青春期后青少年的性心理、身体发育等问题。

此外，交友、健康、安全、人际关系及亲子关系的处理也很重要，尤其重要的是毕业升学或求职等人生发展问题的咨询。

这里以心理咨询与指导中的几个案例为载体，具体分析学生中普遍存在的心理问题、心理咨询及指导的过程以及目的和意义，以期从不同角度说明心理咨询与指导在学生整体素质提升中的地位和作用。

案例一：范××，男，14岁。家庭背景：母亲，一位责任心很强的医生，经常加班加点，因为工作繁忙的缘故，平时疏于对儿子的教育管理。父亲，在商海中屡战屡败，欠下了很多债务，心情郁闷，对儿子的学习和生活不闻不问。该生从小就在自由、不加约束的环境中成长，久而久之，养成了放任散漫的习性，课上随意看小说，课余沉溺于电子游戏，废话特别多，常常想说什么就说什么，想干什么就干什么，不分场合，毫无顾忌。为此没少挨老师的批评教育，该生有时候会表现出烦恼、困扰的情绪特征。

心理咨询与指导：在倾听的基础上和学生建立理解、信任的人际关系，通过深入了解，进一步分析原因。该生之所以自由散漫，主要是因为从小缺少及时的家庭教育和引导，在行为习惯及自控能力方面没有得到培养和锻炼，就像一棵小树苗，人们把它种到泥土里后，既没有给它浇水，也没有为它施肥，更没有为它整枝和修剪，当然高低曲直任其自然了。在这种情况下，教师首先要宽慰学生，因为问题的形成不是一朝一夕的事，也不仅仅是学生一个人的责任；其次要向学生提出合理的建议，如对电子游戏的痴迷要逐步降温，把脱口而出的废话改成踊跃回答老师的提问，做与课堂学习相关的事，等等；最后不忘以关切、期待、鼓励的眼神告诉他：事在人为。只要有志气、有决心，就一定能改过自新、超越自我，因为有志者事竟成。

这次心理咨询与指导的目的和意义：将咨询者从心理、情绪的杂乱无章中解放出来，使其对自我的认识和感情发生变化，产生新的目标意识和快适感，心理变得健康、适应起来。罗杰斯认为，处于这种理想状态中的人，是具有"充足机能的人"。果然，在及时的心理调整之后，该生陋习有了改观，情绪乐观向上，学习积极主动，成绩突飞猛进。

案例二：李××，女，15岁。家庭背景：家庭条件非常优越，父母在其哥哥15岁时生下了她。因为中年喜得千金，所以格外宠爱，通常是"要风得风，要雨得雨"。可是好景不长，父母离异，她的抚养权归属母亲。理想与现实的巨大落差造成该生心灵遭受巨大打击，于是她开始夜不归宿，广泛交友，到处寻找情感慰藉。

心理咨询与指导：以理解、信任、沟通为前提，先了解其夜不归宿的真正原因，然后以友好的态度与她对话。在这种情况下，教师扮演的是双重角色，既要对她的所作所为持宽容接纳的态度，又要对事情可能出现的严重后果做具体分析，采取以理服人、以情育人的教育方法。也可以邀请她的父母参与，共同商讨对其进行心理调整的办法。营造家庭的温馨气氛是从根本上避免其逃避现实的有效途径。

这次心理咨询与指导的目的和意义：运用奥地利心理学家维克多·弗兰克的存在主义的分析理论，我们可以认为"存在"是指与"自我"相对峙的一种现实，是自己以外的世界，只有脱去自我，才能达到真正的自我超越的境界。人生要有面对现实、挑战自我的勇气，父母离异是不可改变的现实，但是乐观坚强却是可以选择的应对措施。如今该生在消沉了一段时间之后已重返校园，开始了正常有序的学习生活。

对于不同的心理问题，我们应该用不同的方法解决。对症下药，方能药到病除。目前在心理学理论中，美国心理学家杰哈塔的"心理健康"定义最为著名，他提倡一种"积极的精神健康"，是指人的内心世界与客观环境的一种平衡关系。主要包括以下六个方面：

（1）自我认知的态度。心理健康的人能对自己进行客观的分析，对自己的体验、情感、能力和欲求等有正确的判断与认知。

（2）自我成长、发展和自我实现的能力。心理健康的人心态绝对不会是消极的、厌世的或万念俱灰的，会努力去实现自己内在的潜能，自强不息，即使遇到挫折也会成长起来，去追求人生真正的价值。

（3）统一、安定的人格。心理健康的人能有效地处理内心的各种能量，使之不产生矛盾和对立，保持均衡心态，对于人生有一种统一的认知态度，当产生心理压力和欲求得不到满足时，有较高的抗压力及坚韧的忍耐力。

（4）自我调控能力。心理健康的人对于环境的压力和刺激能保持自我的相对稳定，并具有自我判断和决定的能力，不依附或盲从于他人，善于调节自我的情绪，果断地决定自己的发展方向。

（5）对现实的感知能力。心理健康的人在现实生活中不会迷失方向，能正确地认知现实世界。

（6）积极改善环境的能力。心理健康的人不会受环境的支配、控制，而是适应环境，并积极地改善环境，使之更适应人的生存。在这样的环境中，他们热爱生活，积极地工作、学习，保持良好的人际关系，并有效地处理、解决问题。

对初中生进行心理健康教育，以心理咨询和指导为主要形式，切实提高学生的心理素质，排除中学生认知情感等方面的障碍，锻炼他们的意志品质，优化他们知、情、意、行等方面的素质，使他们形成良好的品格和健康的心理，教育者有着义不容辞的责任。

综上所述，以心理咨询与指导为主要形式，对学生进行有效的心理健康教育，倡导积极的精神健康，对学生整体素质的提升具有举足轻重的作用。

让信件成为网络家校互动的桥梁

信息时代，"无网不胜"，学生学习需要上网，学校教育已经入网，家校互动同样需要网络，实现教育技术现代化和教育信息化已成了信息时代教育的必然选择。家庭和学校之间能否建立起长效的互动沟通，使家校互动成为新时期网络背景下一道亮丽的风景线？家校互动能否在家庭教育和学校教育之间碰擦出教育智慧的火花呢？回答是肯定的。

由于初中阶段的学生都会面临中考这一人生重要的选择，所以，教师、学生、家长都不敢怠慢，大家都在想方设法、全力以赴。怎样发挥网络的优势，使家校互动凝成合力，让信息沟通更方便快捷呢？

笔者曾用网上信件沟通的方式，既达到了家校互动的目的，又使教育变得切实而理性，而且收到了良好的效果。附其中的一封信件，内容如下：

给初三（9）班学生家长的一封信

_____ 学生家长：您好！

很高兴能再次与您共同探讨教育培养孩子的问题。您的孩子已步入成长转折期，这个阶段的孩子会面临升学压力的考验、学习能力的考验、意志品质的考验。明年1月，您的孩子将参加初三第一学期期末考试，这次考试在很大程度上决定着您的孩子是否有中考前的推优、自荐资格；4月，您的孩子将参加上海市初中学生体育中考，四项测试总分30分，项目包括长跑、短跑、双杠、投篮等；6月，您的孩子将面临中考，这是人生中的第一次选择，也是很重要的一次选择。我们四年来共同努力的结果将会在令人期待的7月揭晓。

为了能在学生中树立良好的学习榜样，特告知如下：小昊同学，中考目标明确，虽然前进道路非常艰辛，但他始终一如既往；小天泽同学，不放过任何一次锻炼能力的机会，学习争分夺秒，志在必得；小珊同学，在经历了漫长的坎坷跌宕后，学习有了明显的上升态势；敏慧同学，一开始时就明白了"辛苦四年，幸福四十年"的道理，而且在学习过程中始终坚持不懈……

有一些小经验想与您分享：初中阶段，同伴影响很重要，结交什么样的朋友，就会在潜移默化中成为什么样的人；家庭教育引导很重要，教会孩子自尊、自信、自强，比管孩子吃饱、穿暖有意义；及时与老师沟通很重要，因为教育是个性化的，不同孩子的不同阶段应采取不同的教育方式；观察分析、对比研究很重要，找到自己孩子身上的薄弱环节，采取有针对性的措施，比一味指责、内心绝望更有效……

总之，真诚期待与您合作，从生活小事、行为习惯、学习态度着手，教育引导孩子向上看齐、向前发展。不怕落后，就怕滞留；不怕不开窍，只怕坚持少；不怕重重困难，就怕躺倒不干；不怕成绩上不去，只怕人品出问题。教育孩子是全方位、多角度的，相信只要您和您的孩子有了信心、有了毅力、有了坚持，您的孩子就一定能走好人生关键的一步，在灿烂的6月收获成长的喜悦和成功的硕果！

教师感言：

通过网络收到信件后，绝大多数家长会仔细阅读信件，认真发表感言。老师在家长们的留言中会发现一些教育中存在的新问题，或是得到家长们的普遍理解、信任、支持和配合，这些都有助于进一步开展积极有效的教育教学工作，大家"心往一处想，劲往一处使"，教育中产生的合力往往会产生神奇的效果：本来处于年级中游的班级，在减少了家校互动不够默契带来的行动中的阻力、升学考试的"紧箍咒"带来的思想上的压力之后，工作、学习两个方面都变得轻松、顺畅许多。6月的中考，果然捷报频传，家校教育取得了令人满意的成绩。

正因为有了网络，信息传递变得方便快捷；正因为有了沟通，无论是家庭教育还是学校教育，都能从阶段性、序列化的沟通交流中获得教育价值的认同；正因为有了家校互动，我们的教育更强化了对个体生命的关注，使整个教育过程更充满了人文关怀，温馨教育、成功教育就在不经意间被和谐点亮。所以，发挥网络优势，用信件交流的方法进行有效的家校互动，是新时期教育工作的亮点，并以此发挥网络家校互动独特的魅力和作用。

心理闭锁学生的合群需要

——浅析初中学生的心理问题

学期末，一位男生的母亲发短信希望得到笔者的帮助："老师，麻烦您帮我观察一下×××（她的儿子）最近有无花钱大手大脚的情况。"收到短信，笔者特别关注起这个学生来。他除了平时看人不敢大胆正视之外，别无异常情况发生。再说，学校离闹市较远，校园里也没有小卖部，即使有钱也无处花。那么，家长的担心究竟是怎么一回事呢？

原来，该同学从2011年6月2日起，多次从父母那里偷拿钱财。第一次，从妈妈那里拿了200元；第二次，从妈妈那里拿了400元；第三次，从妈妈那里拿了500元；第四次，从爸爸那里拿了1000元；第五次，从爸爸那里拿了1300元；第六次，从妈妈那里拿了200元；第七次，从爸爸那里拿了1100元。短短半个月时间，钱款数额竟然高达4700元。更严重的是，该同学并没有意识到自己犯了错误，并趁老师不注意时，在班级里四处散发钱款，还购买了游戏卡送给同学，请客吃东西等，为了掩人耳目，凡知情者都有100元的"封口费"。钱款数目之大，偷拿技术之熟练，涉及人员之多，"封口"手段之娴熟等，都让人瞠目结舌。

问题处理：

散发出去的钱款和游戏卡一律收回，具体涉及以下同学（见表1-1-1）。

表1-1-1　收受明细表

人员	收受金额	收受游戏卡	接受请客
小A	200+300+200+100+200+300=1300元	两张游戏卡游戏机80元	吃拉面50元街头小吃20元
小B	800元	8张游戏卡	—

人员	收受金额	收受游戏卡	接受请客
小C	100+130=230元	—	街头小吃20元
小D	100元	—	—
小E	100元	—	—
小F	100元	—	—
小G	100元	—	—
小H	100元	—	—
小I	100元	—	—
小J	10元	1张游戏卡	—
小K	—	2张游戏卡	—
小L	—	1张游戏卡	—
小M	—	—	街头小吃10元

情况分析：

无独有偶，几乎与此同时，另一个班级也出现了类似情况。一位女生前后五六次偷拿家长2000多元现金，为自己购买了手机和MP4等。这两件事似乎都跟家庭失窃有关，是否只要加强教育，追回损失就可以了呢？事情真的就这么简单吗？

笔者对他们进行了问询和分析，发现主要有以下几个方面的原因：

（1）同学之间普遍存在的攀比心理——因为别人有，所以我也要想办法拥有，以满足自己的虚荣心。

（2）对学习不感兴趣，成绩平平，有担心"被人瞧不起"的自卑心理，因此想通过另一种方式引起大家的注意。

（3）能结交到更多的朋友——因为"无私"地给予他人财物，所以在无形中扩大了自己的威信，在得到他人的追随的同时，内心感到极大的满足。

（4）最重要的一点是，他们都没有得到家庭成员的温暖与呵护。该女生家庭离异，父亲除了偶尔过问学习之外，很少关心她的衣食冷暖。现实生活中，特别是女孩子，当她细腻的内心情感需求得不到满足时，她就会选择手机、MP4等工具与外界进行沟通交流。由于该男生父母工作繁忙，教育孩子时又缺乏必要的耐心，经常把他托付给校外机构，所以，该生在成长的过程中得到的关爱较少。长久缺乏情感雨露的滋润和成长故事的启迪，直接导致了学生思想的幼稚和内心情感的不成熟。

这两个孩子都比较文静，也很听话，但谁又能知道，文静的表象背后掩藏起来的却是内心复杂而又真实的想法。尤其值得关注的是，一群孩子集体参与到这起掩盖事实真相的"肥皂剧"中。他们这样做的动机究竟是什么呢？似乎是一时糊涂，也有可能是是非不分，总之，都是好奇、好玩，又心存侥幸惹的祸。他们中没有一个人把钱花掉，也没有一个人向家长或老师反映情况。他们有的把钱、游戏卡藏在了沙发的夹缝里，有的放在自己的书桌抽屉中，有的夹在笔记本里。看来，他们在互相隐瞒的同时，内心也在纠结、忐忑。

这令人匪夷所思的举动背后，真正的出发点仅仅是想多结交几个朋友，抑或是希望能与人进行情感方面的沟通和交流。无论是家庭中的孩子，还是学校里的学生，都渴望被关注，而不是受冷落。他们需要的是群体生活，而不是孤独自我。

问题症结：

学生进入初中阶段后开始进入"心理性断乳期"，其心理表现为：一方面对老师、家长等非同龄人的心理闭锁，另一方面则是对同龄人尤其是同学之间的合群需要。这种心态变化意味着学生心理成熟的萌芽已经开始，要求独立的愿望开始出现，他们渴望长大，渴望得到理解、支持和认可；与此同时，给我们了解学生，引导、教育学生增加了难度。初中阶段的学生正处于生理成熟及心理成熟的发育、过渡期，可塑性强，又极易误入歧途。因此，研究和分析处在心理及行为动荡期的学生的心理特点，不失时机地因势利导，使学生能健康成长，成为每一位教育者应高度重视的问题。

学生进入初中后，一方面，我们发现其"情感表现在脸上""想法悬挂在嘴上"的情况正逐渐消失，很多孩子已不再把家长和老师当作知心人、倾诉对象。相反，彼此之间开始产生隔阂，似乎是他们在有意逃避成年人的监护，拉大与家长、老师之间的距离。他们可以等父母都入睡了，半夜爬起来写日记；对家长的善意关怀表情冷淡，甚至不予接受；对家长的各种询问，会表示出强烈的反感；对老师组织的活动嘴上接受，内心却失去热情；对学校的问卷调查，敷衍了事或乱答一气；更有甚者，开始和家长、老师唱反调，行为叛逆。而另一方面，同龄人之间的吸引力却大大增加。也许因为情趣相投或对某件事情的看法相同，而一下子成为知己、挚友，变得倾心相交、无话不谈；开始形成自然群体，喜欢三五成群聚在一起说悄悄话；遇到生日或节假日，更是喜欢开生日party、唱卡拉OK等。他们相互交流、沟通信息、产生情感共鸣，得到了从家长、老师那里得不到的愉快心境。有的孩子不怕老师、不怕家长，就怕同学都不理他。

解决问题：

合群需要对初中学生来说是一种迫切的心理需求。做学生的知心人，打开学生闭锁的心门，满足学生的合群需要，引导学生健康快乐成长，是每一个教育工作者义不容辞的责任。学生之所以产生心理闭锁，究其原因不在学生，而是家长、老师本身在行为、观念上与学生产生了"代沟"。所以，作为教育者首先要调整自身心态，研究学生心理，在言行方面对学生产生向心力。要尊重他们，尤其是对他们一些幼稚的想法不能嘲笑，而应肯定其积极的一面，同时帮助他们在心理上日趋成熟。要站在他们的立场上看问题，他们做得对、做得好的时候，就要坚定支持。和他们相处要讲信用，为其保守秘密，成为其可亲、可敬、可信的交往对象，学生的心门自然就会向我们打开。

班集体是发挥集体教育的主导力量，更是满足学生合群需要的主要载体。一个优秀的班集体对于学生而言有着强大的感召力。它能弘扬正气，抵制不良现象，引导学生健康发展。如果班级这个正式团体发挥不了作用，班级中的非正式团体就会左右很多学生的言行举止，而其消极作用也是显而易见的。如果后进生脱离了班集体，个别青少年也许就会受到不良风气的腐蚀。所以，经常组织开展班级活动，增强集体的凝聚力，创建一个富有吸引力的班集体，充分发挥其教育导向作用，则是班主任工作的重中之重。

总之，针对学生成长中的心理特点，只有因势利导开展教育活动，才有可能取得比较显著的成效。

一个华丽转身的背后

初次结识姚同学是在一次早操退场途中，他和同班一名同学起了争执，扭打在一块。笔者正好从旁边经过，出于"人人都是德育工作者"的责任，笔者抓住了边吼边扭打的姚同学的手腕，进行劝阻。他非但不听，还变本加厉，竟然对着老师骂起娘来了。笔者强压住心头的怒火，厉声喝道："你看看清楚，这儿谁是你妈？！"他愣住了，因为以前从来没有人能制服他，只有他到处嚣张惹事的份儿。

关于他的传闻，学校里闹得沸沸扬扬。他破坏学校的安全设施，用消防水管把自己一圈一圈围起来，自己禅坐在中央，叫嚣着不让任何人靠近；他无视课堂纪律，想说什么就说什么，有时候课上满教室乱跑，经常搅得任课老师没办法上课；有一次，他把公交车上的灭火器给扔到车下，惹得驾驶员挥拳就想揍他；一年里，他六进学校政教处，政教主任叫来家长共同商讨教育问题，他又当场咆哮，无视师长的教育和管教。就这么一个"大名鼎鼎"的人物，一个顽劣的少年，居然因为疑似多动症而休学半年，如今留级到我们班级，不由得让人浑身都起鸡皮疙瘩。他能改好吗？笔者在心里打了无数个问号。

开学了，笔者像往常一样把这位新同学介绍给大家，并且希望全班45位同学都能互帮互助，大家共同进步。看得出，他对新班级充满了好奇和想象，他也想重整旗鼓，渴望有一个全新的开始。笔者在寻思：对待这样一位"特殊"的学生，该采取怎样的方法策略，才能既转变该生，又激活班级？笔者跟任课老师以及班委商量，得出的一致意见是：以表扬鼓励为主，比一般的学生稍微放宽一点教育教学的要求，先让他慢慢适应并融入这个班集体。

开学第一天，笔者根据暑假作业安排，布置学生背诵本册语文书上的古诗文，要求在一周的时间内完成。没想到，他居然争分夺秒，在新学期第一天就完成了所有古诗文的背诵。虽然这些内容他以前可能背过，但毕竟一年过去了，总会有生疏遗漏的地方，他却背得如此顺利流畅，这不由得让人对他刮目相看。当然，笔者在班级里大大地表扬了他一番，他挺激动的，可能是以前批评听多了，突然到来的表扬让他受宠若惊，他的幸福和满足感不言而喻。

以后，他在班级里的每一个细微的善举或是每一次小小的进步，都会得到老师真诚的鼓励和表扬，渐渐地，他融入了这个班集体，同学关系也变得亲近、和谐、融洽了起来。

记得有一次语文课上提到"上海的藕，有点涩"，我问学生："'涩'是一种什么样的滋味？"姚同学站起来回答："以前我偷过邻居家的柿子，把它塞进嘴里，没有吃到甜味不说，舌头上像长了毛一样，非常难受。我用手指去抠，却抠不下来，那种滋味呀，怎一个'涩'字了得！"同学们哄堂大笑，教室里充满了欢乐的气氛。姚同学腼腆地朝大家笑了笑，轻松地坐下了。这会儿，他表现得异常豁达、真诚，他愿意和同学们分享他的成长经历和感受，也完全把自己同化在了这个温暖的集体中，这让我由衷地感到欣慰。

听说，他经常吃一些控制多动症的药物，我怕他用药时间长了会产生副作用，趁他一个人的时候悄悄跟他说："姚同学，你现在变得很优秀了，可以停止用药了。"谁知，他一脸严肃地说："不行，我会管不住自己的。"没想到，他把管住自己看成是头等大事。因为他意识到，自觉、自律对于快乐健康成长是多么重要。

在前不久的一堂"夸夸你身边的同学"主题班会课上，很多学生都提到姚同学在班级中所做的好人好事、取得的可喜进步等，姚同学在倾听同学们的夸奖时，人几乎趴在了课桌上，像一只温顺可爱的小猫咪，双眼却熠熠发光。在这次期末考试中，他的学习成绩一改往常的落后垫底，跃居为班级第十八名。获知成绩后，他表示非常遗憾，因为只要考到班级前十名，爸爸就答应给他买捷安特自行车，这是他梦寐以求的奖励。虽然这一次他未能如愿以偿，但是我们完全有理由相信，姚同学的明天一定会更美好！

姚同学的可喜变化主要得益于以下几个方面。

1. 家长教育观的转变

以前，家长总认为：只要成绩好，别的都无所谓。通过眼前孩子身上可喜的变化，姚爸爸逐步意识到，教育孩子做人比强迫孩子学习更重要。事实上，培养孩子良好的学习习惯，端正孩子的学习态度，熏陶孩子为人处世的品性，塑造孩子独立、健全、向善的人格，比一味地追求学习成绩要有意义得多。

2. 同学们的友好、接纳

良好的人际关系是促成孩子身心健康成长的关键。初中阶段的学生最在乎别人对自己的评价，他们普遍敏感而脆弱。假如老师和同学不能维护他们的自尊，让他们觉得自己"一无是处"或是"很没有面子"，他们会做出一些过格甚至歇斯底里的举动，或用沉默的方式表达自己内心的无助和反抗。因此，同学之间的友好相处，无疑是紧张繁忙的学习生活中的镇静剂；同学之间的互帮互助，更是学习上遇到困难时的"诺亚方舟"，能让他们在前行途中看到力量和希望。

3. 班集体的和谐、融洽

一个和谐的班集体，既是一个孩子健康、快乐成长的家园，也是一个孩子身心和谐、全面发展的乐园。班级活动人人来参与，班级工作人人有岗位，班级成果大家齐分享。每个学生都有了主人翁的责任感，都有了当家作主的使命感，大家就会心往一处想，劲往一处使，不和谐的音符也会被爱的洪流所吞没，每个人都会觉得：我以集体为荣，集体以我为荣；我不能给集体荣誉抹黑，我要为集体荣誉出力！

4. 自我认同和归属感

自从学了《周处》一文后，周处从一个乡里人谓为"三横之首"的祸害少年转变为一代忠臣的故事激励并感召着每一个知错能改的孩子。学生是成长中的人，而并非成人，要允许学生犯错，也相信学生能在曲折的人生道路上辨识出自己前进的方向。所以，只有那些不断学习又健康成长的人，相信自己拥有信心和力量源泉的人，才会成就丰富完美的人生。

"瀑布因落差而壮观，人生因曲折而美丽。"在一次华丽转身的背后，凝聚着许多人生的哲理和教育的思考。我们虽然没有能力改变宏观世界，但是我们有耐力改善微观世界，当你用一颗心去细读一片叶子的时候，你听到的将会是亘古悠远的回声！

第二章　寒假生活重建

重建学生寒假生活，实现群体个体发展

——以七色花中队"过年啦"主题活动为例

　　李家成教授与顾老师曾在《论学生寒假生活的重建》中提到，寒假是一个亟须探寻的实践变革问题，也蕴含着丰富的理论研究资源。学生以往的寒假并没有一个具体的计划，这样的寒假生活又与学生放假前、放假后的校园生活呈现出一种完全割裂的状态，寒假资源没有得到充分的开发与利用。因此，以班级学生为研究对象，根据以往学生毫无规划、盲目度过的寒假生活，基于学生立场，重建学生的寒假生活，通过家校合作，以实现放假前、放假中、开学后教育的延续性，教育的群体性及个性化发展。

　　这个假期，除了学校布置的常规作业外，班级还设计了一项内容、形式、意义都很特殊的主题活动。

一、活动设计

　　活动主题：过年啦！

　　设计意图：随着人们生活水平的提高，平日里我们不愁吃、不愁穿，过年盼穿新衣、亲人团聚、吃年夜饭的年味就逐渐变淡。好在我们的孩子来自各个不同的省市，我们的精神家园和各地的风俗年味是我们可以共同分享的宝贵财富。"鸡年·吉年"，我们在彼此了解和彼此欣赏中，使过年变得有滋有味、有声有色。

活动时间：2017年1月26日—2月1日。

活动要求：特设如下活动，家长和孩子一起，从中选择有特色的活动项目或增加自己的创意设计。在参与活动的过程中，让我们一起超越时空的界限，感受各地的风俗与年味，分享过年的热闹与喜悦。

活动预设：

活动一：剪窗花，贴春联。

活动二：向长辈，拜个年。

活动三：包饺子，做汤圆。

活动四：去赶集，添热闹。

活动五：小伙伴，撒欢玩。

活动六：备节目，来表演。

活动七：挂灯笼，放鞭炮。

活动八：买花脸，戴花脸。

活动九：学民俗，多体验。

活动十：登高处，观日出。

交流互动：欢欢喜喜过大年！精选其中2～3张照片，发在班级群里，相信我们"身未动，心已远"，我们的眼界会被打开，我们的心界也会融通！我们的活动会给孩子们打开一扇通向已知和未知的大门，让孩子们学会珍惜身边的美好，切身感受如意和吉祥的降临，年味无处不在，快乐幸福随时随地都会发生！

二、活动过程

（1）"过年啦"主题活动得到家长们的积极配合。

（2）学生们参与"过年啦"主题活动的热情高涨。

（3）共有20个学生参与了"过年啦"主题活动。（全班共21人）

三、问卷调查

（一）统计人数

有20个学生参与了"过年啦"主题活动，参与率95.2%；有21个学生完成了问卷调查，参与率100%。

（二）统计结果

（1）你对2017年年味的感受是（　　）。

A. 很浓（12个）　　　　　　B. 一般（9个）　　　　　　C. 几乎没有

（2）你认为2017年最浓的年味在哪里？（　　）

A. 在三口之家（1个）

B. 在三代同堂（16个）

C. 在人潮涌动的公共场所（3个）

D. 在自己的内心世界（1个）

（3）你是以何种方式感受2017年的年味的？（此题要求按个人喜好程度依次排序，把最喜欢的序号写在前面）（　　）

A. 吃（A排在前两位的有8次）

B. 拜年（B排在前两位的有10次）

C. 拿红包（C排在前两位的有5次）

D. 春节旅游（D排在前两位的有6次）

E. 体验年俗文化，如贴春联、包饺子等（E排在前两位的有13次）

F. 其他

（4）你认为最不可取的过年方式是（　　）。

A. 睡懒觉（10个）　　　　B. 吃到撑（3个）　　　　　C. 看人海（3个）

D. 玩游戏（4个）　　　　　E. 其他（1个）

（5）2017年"过年啦"主题活动，你最大的收获是什么？（此题为简答题）

孩子们在"过年啦"主题活动中最大的收获是：长大了一岁，喜相聚、收红包，感受到了浓郁的过年氛围，能和家人在一起，和堂弟一起玩，收红包收到手软，感受到没有鞭炮和烟花的春节环境保护得很好；香港大年初一有舞龙表演的庆祝方式，学会了做馄饨，"玩中学、学中乐"扩大了眼界，比以前懂事了，全家团圆，吃火锅、贴窗花，与亲朋好友团聚，欢声笑语、热热闹闹合家欢，与家人一起体验过年的乐趣，三代同堂，能和老人一起自由安排时间举家欢庆，体会到了别样的欢乐；学会了当一个好哥哥，发现贴春联还有这么多讲究，感觉像和老师、同学一起过年一样，我们像一个大家庭。

四、活动意义

（1）由于学生来自各个不同的省市，所以假期能体验最具地方特色的年味文化。

（2）加强学生与班级、学校、区域、国家的文化沟通，形成有层次、有特色的生活导向。

（3）建立起上学期与下学期生活的联系，推动学校教育节律的整体形成与优化。

（4）通过活动，促成家庭、学校、社区的合作，推动社会教育力的提升。

（5）实现网络和现实之间的经验转换，推动实践质量与学生自我教育及群体发展的共同提升。

（6）促进良好的亲子关系的建立，充分调动家庭成员的多方资源，努力实现家庭成员的多向互动。

（7）汇聚更多的育人资源，有助于打开学生的视野，形成多方合作的育人合力。

（8）教师、家长、学生共同努力，在参与主题活动的过程中实现共同成长。

五、学生个案

此次主题活动不仅实现了寒假生活在实践中的群体性生长，还促进了个体成长。

个案一：其其，13岁，思想行为比较松散，学习比较落后。

家长的话：

寒假生活即将结束，其其的主要变化：

一是更懂事了，能够配合父母做些家务，如打扫房间、扔垃圾等。

二是更具爱心了，能主动关心和关爱父母、奶奶、外婆。在老家的几天里，陪同奶奶去医院检查身体，陪护奶奶打点滴；主动搀扶外婆上下楼；妈妈胳膊疼时，帮妈妈涂搽药水。

三是性格变得更加开朗了。待人接物显得比以前更大方有礼，在老家和外婆家时，开始主动与长辈沟通交流。

四是乐于接受传统文化的洗礼。除了写春联、贴春联、包饺子、放鞭炮这些过春节的传统文化要素外，在老家祭祖，还能给更小辈讲解祭祖的意义及跪拜等祭拜礼仪。

五是更加具有勤快和培养好习惯的意识了。寒假期间，能配合爸爸的督促，每天早上7:30起床，上午安排学习，中午以后安排其他各类活动，在老家和外婆家里时也能很好地坚持。

当然，这些进步还需要进一步内化成习惯和品格。但作为父母，孩子的每一分进步和努力都值得我们欢欣鼓舞，值得我们给他鼓励和加油，值得我们向他表达我们的自豪。

谢谢董老师一直以来对孩子的关爱、关心和鼓励！孩子在您的教导与呵护下，我们很放心，我们也一直心存感激！谢谢您！

个案二：逸逸，女，13岁，自我要求不高，表现平平。

家长的话：

董老师好！谢谢您的鼓励和关心！

寒假伊始，我们就和她好好交谈过，我们对她说："董老师和你约定的'私人定制'，是对你学习的肯定，是对你未来的期望，你不能辜负，只要你努力，肯定会实现你的理想。"后来问她的理想是什么，她说想成为经济学家。孩子也长大了，既然有理想，就要为实现理想做好规划，不然理想就成了空想。后来她上网查找资料，写好了"私人定制"。"私人定制"写好后她自己都感觉很惊奇。我们也对她说，只要认真对待，肯定会做好。"私人定制"一次完成，不需要修改就发给您了（她有时做作业都重复修改，改到最后自己都失去耐心），而且还得到了您的认可，她也很开心。我们趁热打铁，对她说："你确定了自己的目标，就要按目标要求自己，不能说得好做得少、有目标没行动。"

寒假来了，首先假期要有一个规划，做作业要认真高效，玩也要玩得开心、有意义。我们先和她商量，花几天时间完成书本上的寒假作业，然后安排一天到科技馆、城隍庙、南京路步行街玩，最后看外滩夜景。早晨8点出发到晚上8点回家，玩得有点累，但是她很开心，也收获不少。

后来几天，我们和她商量借好下学期的语文、数学、英语书，让她在几天内把语文书上的古诗词和古文全部背熟，英语读一遍（英语口语是她的弱项），数学要求翻看一遍。几天下来，她基本做到了，给她奖励可以外出玩几天，就去城隍庙看彩灯了，20元买了瓷娃娃，自己动手上色。

春节期间，家里的事情也有意无意让她帮忙做点，其中有贴春联、包饺子。我们在新场镇上有一个亲戚，年初九全家去拜年，也正好到新场古镇去玩一玩，她找景点，我拍照片，她妈妈购物，大家分工明确，她感叹新场古镇也有不少景点，回家整理了一下照片，写了一篇《新场古镇一日游》，作品完成后，自己感觉心满意足。

这几件事情做下来，我感觉她有很大的进步：以前在做任何一件事情之前都没有自信，认为自己做不好，但是现在通过鼓励和引导，自己能认认真真去完成，而且非常开心，没想到自己能做这么好。

六、活动反思

（1）教育即生长。深入研究的过程即生长的过程。教师放开视野，深潜到每一个实际问题的思考解决当中，深潜到与每一位学生、每一位家长的对话和交往当中，实现向下扎根、向上生长，成为穿针引线人。实践体验的过程即生长的过程。学生的学习、学生的发展在真实地发生。学生通过眼睛、耳朵、手脚、心灵，进而发现自己、充实自己、实现自己。

（2）"互联网+"在寒假生活中发挥了积极的作用。学生在寒假生活中，以美篇的方式，实现了图文技术零的突破，教师在学生的寒假生活中看到了教育的延续性和个体化。

（3）学生的寒假生活及上下学期的学校生活，推动学校教育整体节律的形成与优化。作为教师，假期所能做的就是挖掘、启发、点赞、拓展，促进学生及家庭在假期里更好地成长。

（4）家校互动在重建学生寒假生活、实现群体个体发展中起到了举足轻重的作用。及时的沟通、充分的信任、密切的联系、互相的激发，使这次寒假生活有别于以往的真空、无感知，变得真切、具体、可感，群体及个体的变化、成长、进步正在发生。

以研促教，以学导行

——浅论初中班主任的寒假学习与生活重建

初中阶段，在育分、育能、育人三者中，很多教师和家长会屈从于中考的择优选拔机制，在大量的题海战术中求得付出与收获的平衡，他们往往忽视了学生的内心感受，让学习在枯燥乏味、机械重复中日趋变得功利。

笔者以前也曾深陷于简单劳作而无法自拔，自2016年9月任教新一届学生至今，由于学生家长高学历者居多，他们的教育思想比较开明，学生活泼好动的个性比较鲜明，一味地灌输式、习题化教学不适合眼前的学生；又因为笔者申请了市德育实践课题"且行且思——初中生探寻文化之旅的实践和反思"，所以在育人模式和课程开发上需要进行创生与积淀。在节假日和寒暑假，笔者经常带领学生走出家门，开展丰富多彩的活动，深得家长和学生的喜欢。

2017年2月至今，在参加了"寒假生活与学期初生活重建研究"之后，基于学生立场的活动策划，基于学生发展的学生领导力、学科融通、社会交往等方面的实践研究，在寒假生活的自主策划、实施、评价、反思中，学生个体群体的综合素养得到有效提升。学生对寒假生活的期待和兴趣也间接地影响到对学科学习的研究和兴趣，班级学习气氛不再沉闷压抑，班级文化引领日渐形成特色，"玩中学、学中乐"成了学生们的口头禅，学生、家长、教师、社会人士的资源整合、多方合作、互学共进，在促进学生综合素养提升、构建学习型家庭、形成学习型社会中产生了积极良好的社会效应。

"你好，寒假！"寒假生活与学期初生活重建研究，促使我们更加关注每一个生命的成长，更加聚焦每一个参与主体的情感投入。当教育面向未来，我们需要用创新的思维去探索学生的无限可能。从改变学生个体到改变学生群体，从着眼现在到预知未来，在创生、积淀、传播、转化中，更新认知系统，激发生命潜能，促进共同成长。

一、只有德性回归，知识才能回到本原

教育不仅是听说读写等技能的训练，还有认知、情感、人格等教育。上海市杨浦高级中学名誉校长于漪老师将语言学习置于民族精神传承和个体精神塑造的层面上，认为语言文字不是单纯的符号系统，而是一个民族认识世界、阐释世界的意义体系和价值体系。这一论断将语言文字的德性提到了前所未有的高度。

无论教育形式怎么发展变化，根据依然是知识。但是知识的生命活力是建立在知识创新基础上的，并且要通盘考虑如何让它适应今天的社会和时代发展。课堂上、生活中，教师要做的也是帮学生找到"那些从未存在过的知识"。

教育创新绝不是简单的技术升级，而是将知识学习与个体和公共生活联系起来。一旦知识与个体经验、社会现实结合起来，就有了创新，就产生了"那些从未存在过的知识"。而且，个人经验的差异、社会场景的复杂性，使得知识创新的形式千变万化，内涵丰富多样。与此同时，学习也回归了真正的价值和使命，即服务与改造社会，润养和塑造个体心灵，而不只是"两脚书橱"，抑或是"读书机器"。

2018年1月26日，笔者成为了中国班主任研修学院的一员，在李家成教授的引领和指导下，进行了理论结合实践的沉潜式学习。短短两年时间，笔者在教育观念和育人方法上有了很大改变。

（1）学生观的变化：从"以学为主，健康成长"转为"多元发展，幸福成长"。

（2）家长观的变化：从"家校沟通，支持配合"转为"整合资源，产生合力"。

（3）教育观的变化：从"教书育人，助人成才"转为"教天地人事，育生命自觉"。

（4）班级管理方式的改变：从"相信自己，管理学生"转为"信任学生，民主管理"。

（5）教育主体认识的改变：从"教师主导，学生主体"转为"学生、老

师、家长、社会人士，同为教育主体"。

（6）活动策划实施的改变：从"教师设计，学生参与"转为"多力驱动、多环交融、互学共进"。

如今，布卢姆（美国当代著名教育家和心理学家）教育目标分类法将教学目标的最高层次从"评价"调整为"创造"，也就是说，教育的最终目标是将所学的知识用于创造、创新和创生，课堂应该成为知识创新的实验室，生活应该成为知识创生的大舞台。

对于教师而言，寒假生活研究绝不仅仅是布置不一样的作业，而是重建对寒假生活与学期初生活的理解，重建学生、家长、教师的交往关系，重建另一种形态与方式的生活与教育。寒假前，多力驱动、多方参与，是基于研究的活动策划；寒假中，孩子和家长能够开展丰富多彩、创意无限并富有生命意蕴的寒假生活；开学后，推动学期初生活的更新与发展，创生一个新的寒假生活与学期初生活的形态与方式。

二、只有自我发现，学习才能收获成长

（一）学科融通式学习，让学生对学习产生兴趣

以探访"天目七绝"为例。语文课上，我们学习了袁宏道的游记体散文《天目》，得知天目有"七绝"，学生对"天目七绝"甚是好奇。利用假期，我们开始酝酿一次天目山研学之旅。

天目盈山皆壑，飞流淙淙，若万匹缟，一绝也。石色苍润，石骨奥巧，石径曲折，石壁竦峭，二绝也。虽幽谷县岩，庵宇皆精，三绝也。余耳不喜雷，而天目雷声甚小，听之若婴儿声，四绝也。晓起看云，在绝壑下，白净如绵，奔腾如浪，尽大地作琉璃海，诸山尖出云上若萍，五绝也。然云变态最不常，其观奇甚，非山居久者不能悉其形状。山树大者，几四十围，松形如盖，高不逾数尺，一株直万余钱，六绝也。头茶之香者，远胜龙井，笋味类绍兴破塘，而清远过之，七绝也。余谓大江之南，修真栖隐之地，无逾此者，便有出缠结室之想矣。

这次自主策划、组织、实施的研学旅行，学生不仅实地感受了"天目七绝"，以实践体验否定了文中"天目雷声甚小"的说法，同时还发现其他"三绝"——"骡子很犟""蝉鸣很响""紫薯很甜"，并对不同学科进行融合性学习，自然要比课堂上的有限教学收获多。

语文："天目七绝"的探访。

数学：等比树高的测量。

地理：天目山地貌特征。

历史：乾隆与千年古树。

科学：温度与植物生长。

音乐：自然的天籁之声。

美术：叶子的多变造型。

……………

不仅如此，一次实地探访之旅，还激发了学生对于大自然的无限好奇，学生一个个都成了"好问专家"：为什么这里的树木如此高大？为什么护林员要给草木的根部撒上石灰？为什么天目山的昆虫特别多？为什么植物的叶片千变万化？为什么天目山的紫薯特别甜？

逸同学把这种学科融通的方法称作"创新型学习法"，耳听为虚，眼见为实，用实践证明，用事实说话。君子文化的实践与探索，并不只是去理解文化，而是去发现自然奥秘，做到知行合一、学以致用。

正如宝同学所说：为《天目》课文找到"七绝"的印证，还能有"凡此皆山之病"的图文对比，"天目雷声甚小"，我们既能耳闻其声，又能身临其境。多么精准的文本知识与文化探寻互相对应，多么独特的知行合一、注重考证的思维方式。只有爱语文，才会研究语言；只有爱文化，才会传承文明！

正如逸爸爸所言：今年暑假，女儿在班主任董老师、爱心家长们的带领下，和同学们一起实地寻访语文课本中的"天目七绝"。虽然只是短短两天的文化寻访，但前前后后包括问卷调查、家长咨询、同学自主策划、联系旅行社、避台风更改计划，细致到衣着、雨披、防蚊水、饮用水……美篇作品呈现、老师和专家点评、家长惊喜于孩子的变化等。历时一个多月，不仅仅女儿得到不少锻炼成长，就连我们家长也收获颇丰。学生主导、老师把控、家长参与，多么完美的一次活动！不禁回想起自己的学生时代，如果有这么优越的教育资源，如果有这么用心的班主任，如果有这么全力支持的家长和幕后用心点评的专家，或许会比现在好许多。

2018年1月15日，《中国教育报》上李烈老师说，以儿童为本位的教育观，真正以儿童为中心，其实也是以学习者为中心。综合素养必须在真实的世界中培育，让学生面对真实、体验真实、拥抱真实。学生亲身经历过的事，无不夹杂着他们各自丰富的情感体验，只有真正经历过、体验过，个中滋味才会真实地涌进心田，才能真正地引导学生们向善、向上的精神品质。最有力量的教育一定是真实的教育。最有效的教育一定是自我教育。

（二）问题探究式学习，使学生学会科学认知

以文同学的《"怪坡"之谜》为例，激发学生的好奇心、求知欲和科学精神。

2018年2月3日，我和妈妈怀着激动的心情来到了位于厦门文曾路通往半岭宫路上的"怪坡"，"怪坡"长约50米，宽约10米。"怪坡"为什么"怪"呢？这个"怪坡"怪就怪在——球会从坡底滚到坡顶，无论如何尝试，结果都是这样的。

"怪坡"附近有许多可以租自行车的摊位，我租了一辆，在"怪坡"上来回骑，想探个究竟。渐渐地，游人多了起来。有些游客甚至开车来到了"怪坡"，来探索"怪坡"的奇妙之处。还有的游客拿篮球来试验。我用水的流向来检测。一共测了两个地方，可是第一处是从坡底流到坡顶，第二处则原地不动，后来想想，可能那一段已经不算"怪坡"了。

为什么会这样呢？我认为：第一，这可能是一种视觉上的误差，也可以说是错觉。第二，那条马路是下坡时，"怪坡"却是上坡；那条路是上坡时，"怪坡"是下坡。可能名义上"怪坡"的下坡其实是上坡，上坡其实是下坡。为了确认自己判断是正确还是错误，我上网查了一下。

市公路局测量人员来到了文曾路"怪坡"现场，对"怪坡"进行测量。测量人员每隔5米一测，共测量70米。结果证实，所谓的坡底实际比坡顶高1.395米，"怪坡"的坡度为36°，侧面上山的坡比较倾斜。测量人员得出结论："怪坡"其实是人们因周边参照物的原因而造成的一种视觉上的错误。公路局有关专家分析说，文曾路"怪坡"地处路口附近，从这里看上边坡较高，而下边坡较低，两相结合看上去这条下坡路就成了上坡路。

我给大家画一个简单的图片来解释"怪坡"现象。黑线表示水平线，矩形为交叉的两条公路，图1-2-1中较短的那条公路为"怪坡"。从图1-2-1可以看出，对于斜率非常大的大公路，人的正面与公路面的角度等于或大于90°，则人与"怪坡"的角度为更小的锐角，人会下意识理解自己所站立的平面为水平面，进而断定"怪坡"面应该为上行面。但实际上由于"怪坡"

面相对于大公路而言只是斜度较小的下行面（见图1-2-1）。进而可以得出，"怪坡"只是缘于参照物引起的错觉，"怪坡"其实并不怪。

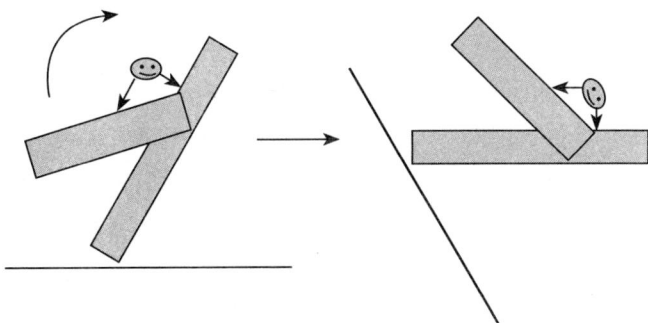

图1-2-1 文同学为"怪坡"所绘的图解

文同学对自己感兴趣的现象或问题做了深入的探究，这是爱科学、学科学、用科学的表现，她把"怪坡之谜"做成美篇后，发在班级群里，引发了同学们的好奇围观。之后，班级里又多了一群探究"是什么、为什么、怎么样"的科学爱好者，勤问善思、互学共进的学习态度和科学精神被充分激发。

（三）学府寻访式学习，使学生怀揣梦想前行

2019年1月25日，教师设计活动，学生策划组织、自主报名，全班共有19个学生参加了"寻梦行动——寻找心目中的理想学府"活动，参加人数占班级总人数的82.6%。

附：

萱同学的活动感言《"寻梦之旅"——上海实验
学校、上海交通大学》

小寒未退，暖阳倾洒。寒假开始的第二天，班主任董老师就带着班级19名同学迎着清晨透明的晨雾，辗转三趟地铁，来到浦东的上海实验学校，感受这里独具特色的十年一贯制教育。

带队的范老师穿着端庄得体，声音轻柔地介绍着实验学校的校园及特色。创新实验楼无疑是学校的特色之一。老师尽显自豪地介绍实验楼的体验设施及观影活动。3D学校介绍是这次活动最大的亮点。这所涵盖了小学部、中学部、国际部的十二年制学校在"魔都"是不多见的。这里更吸引人的是保护孩子的天性，激发他们对待生活和学习的兴趣。"这里的每个孩子都有自己感兴趣的地方，实验学校就给他们提供了这些。每个人都能在这里感受到来自整个学校的包容和尊重。"这一点，在范老师和保洁阿姨谈笑风生的画面中体现得淋漓尽致。

实验学校的特色和吸引人眼球的景点比比皆是：学生社团、自由发挥设计灵感的墙面、设计和创意让人不得不佩服的"与树为伴的桌子"等。

这样一个充满活力和创意，又不失古香古色、鸟语花香的校园在同学心中留下感慨万千。能否化作无言的力量推动前行呢？期待吧……

交大这样一个响当当的名字在"魔都"学生的眼里似乎并不陌生，可我们还是对这样一所有点可望而不可即的学校感到生疏和模糊。

百年交大的气势不仅仅表现为校门的宏伟大气，在我眼中，更是操场上咬紧牙关飞奔向下一个目标的运动员，是躺在草地上仰望湛蓝如洗的天空。

怎一个"怡"字了得！

对比前几次探寻文化之旅的行程，此次访学可以说是大家公认的意义最非凡、最吸引人的一次。

惊奇与感叹留在实验学校的科技楼，佩服与沉思留在钱学森图书馆，憧憬与向往藏在每个人的内心深处。

"有志者事竟成！"

基于学生立场的问卷调查，活动设计、实施、评价、反思，其意义和价值不仅在眼前，更在终身。此次"寻梦之旅"活动，经多方整合学生资源、家长资源、教师资源、学校资源，聚焦"资源整合""学生领导力""社会交往"等关键词，在多力驱动、多环交融、互学共进中，使活动对于生命在实践中成长的内驱力催发和发展性评价超出了预期。

（四）阅读分享式学习，提升学生的人文素养

从2017年暑假至今，我们延续了寒暑假全班共读两本书的学习习惯。2017年暑假，全班共读龙应台的《目送》和鲁迅的《鲁迅作品集》；2018年寒假，全班共读林海音的《城南旧事》和姜戎的《狼图腾》；2018年暑假，全班共读沈从文的《边城》和海明威的《老人与海》；2019年寒假，全班共读海伦·凯勒的《假如给我三天光明》和《世界短篇小说集》。

阅读作品的选取，既考虑课内学习的延伸，如：学习了《从百草园到三味书屋》，就扩展阅读《鲁迅作品集》；学习了《爸爸的花儿落了》，就扩展阅读《城南旧事》；学习了《我的叔叔于勒》《变色龙》《二十年后》，就扩展阅读《世界短篇小说集》。又考虑到初中阶段学生的认知特点和身心发展规律，选择了可读性强、有思想性、能给人以人生智慧启迪的阅读作品，如《目送》和《老人与海》。还考虑到这学期"家长智慧课堂"中刘妈妈的"生命教育"主题，让学生学会敬畏生命，内心产生震撼，就扩展阅读海伦·凯勒的《假如给我三天光明》。更考虑到学生的生活空间有限，需要在阅读中进行时空的拓宽和延展，就扩展阅读《狼图腾》。学生也可以选择自己喜欢阅读的作品，如2019年寒假有学生准备读《明朝那些事儿》《基督山伯爵》《伊丽莎白一世》《生命启示录》《摆渡人》等。

假期共读结束后，在开学初，我们利用每周一次的中午阅读课时间，让每个学生走上讲台，结合PPT进行交流分享。逸同学交流分享了她假期读过的《基督山伯爵》，讲台前的她眉飞色舞，绘声绘色地把书中的人物关系讲得清清楚楚，把故事情节讲得跌宕起伏、引人入胜，特别是她在阅读中结合了对历史的关注、对人性的思考、对作者的敬仰，这种良好的学习习惯尤其难能可贵。

"一千个读者就有一千个哈姆雷特""每读一遍《红楼梦》，感受都会不一样"，在共同的交流和分享中，学生的知识面开阔了，思维被激活了，现实世界和人文精神变得不一样了。用杨绛先生的话说，读书能使我们成为有温度、懂情趣、会思考的人。寒假生活中的阅读，能使我们静下心来与心灵对话、与他人交流、与世界沟通，最后成为更好的自己。

（五）活动策划性学习，提升学生综合素养

1."你好，寒假！"活动策划主题的多样性

（1）生活技能类：学习买菜做饭、整理打扫房间、美化家居环境等。

（2）体育艺术类：足球、篮球、跳绳、踢毽子、才艺展示等。

（3）阅读提升类：《生命的追问》《假如给我三天光明》《明朝那些事儿》《基督山伯爵》《伊丽莎白一世》《生命启示录》等。

（4）实践体验类：寄情山水、回归精神家园、参观科技人文教育基地等。

（5）成长历程类：拜访祖辈忆童年、青春梦想进行时、憧憬未来二十年。

（6）生涯规划类：学一种生存技能、访一个父母单位、画一张人生导图。

（7）社会志愿类：去图书馆做义工、去敬老院看望老人、做社区志愿者。

（8）学府考察类：理想高中、理想大学、创新型学院、孔子学院。

（9）职业体验类：企业单位、事业单位、设计行业、职校行知体验等。

（10）研究探索类：家风家训家谱、上海的前世今生、临港的发展前景、研究中考风向标等。

（11）影视观赏类：《歌舞青春》《放牛班的春天》《厉害了，我的国》等。

（12）科学探究类：筷子的神力、带电的报纸、动物的繁殖等。

2."你好，寒假！"活动策划资源的丰富性

在生活小达人、共读两本书、寻理想学府、年味共分享、社会志愿者、运动强体魄、职业亲体验、科学小探究、生命成长线、游历景厅馆等活动中，学生自主策划组织，整合社会资源，汇聚多方力量，进行实践体验，提升生命质量，促进社会教育力的整体提升。

3."你好，寒假！"活动策划主体的积极性

充分发挥学生生命成长的自觉、教师教育使命的自觉、家长教育责任的自觉、专家学者教育理念的自觉、社会人士社会教育力的自觉。班级群发挥重要作用，美篇作品多交流分享，竞选活动项目主持人，团队和个体交互进行，整合资源成联动机制，活动过程透明勤跟进，活动成效多元全方位，寒假生活人人、时时、处处、事事都有价值和收获。

4."你好，寒假！"活动策划成效的多元性

过程方法：开展调查研究、形成研究主题、形成相关方案、注重过程开展、保持多元互动、撰写相关论文、提升研究能力。

多元评价：自我评价、小组评价、他人评价，过程性评价、发展性评价、目标性评价。

内涵意蕴：在财经素养、人文意识、生活素养、学科综合融通、学生存在感、学生领导力、班主任领导力、家长教育觉醒、生态型班级建设、生命价值体验等方面，促进生命成长和社会教育力提升。

多力驱动、多环交融、互学共进是现代社会教育发展的必然趋势。放假前，通过问卷调查、师生访谈、小组交流，学生可以充分表达自己的意愿，家长可以更自主地参与寒假生活谋划，学生之间、家长之间有了更多合作，教师有了更多基于学生立场的觉醒和教育的自觉。寒假中，通过教育资源开发、活动策划、组织、实施、评价，使寒假生活充满生机勃勃的气息，渗透着中国文化的精神。学期初，通过丰富多彩的展评、交流、转化，把寒假生活收获融入学生的新学期生活中，成为新学期学习生活的延续，融汇为学校、家庭、社区合作的新基础。

"你好，寒假！"项目，让我们在多力驱动、多环交融、互学共进的相遇和对话中，产生情感的交流，颠覆传统的思维，碰撞思想的火花，激荡智慧的力量，注重文化的传承。为教育回归本源，为基于实践变革的教育学知识创生、积淀、转化与传播，也为每个孩子的多元发展、幸福成长贡献绵薄之力。

三、通过比较研究，凸显寒假生活意蕴

1. 一次拟题比赛，对写作能力提高的促进作用

这是一次意料之外、情理之中的全班学生和家长共同参与的寒假学习活动。2019年2月7日早上7：00，笔者在班级群里发了一份春节特别作业：家庭成员共读吴迅中学于晓莉老师的女儿发在微信朋友圈里的一段佳文，并给此文拟一个题目，看哪一组家庭能拟出"既扣文字内容，又有文学气息，更有文化意蕴"的好题目。晚上6点截止，我们将评选出最佳题目奖和最佳创意奖两个奖项。希望每个家庭都能积极参与，在举家团圆的日子里，给阴冷潮湿的春节带来一丝祥和温暖的气息。

颐同学妈妈："成长"。生活在山上的小女孩是如此热情、开朗，面对生活给予她的重担，也有着乐观积极的态度。反思自我，我们生活在条件优越的大城市里，应该向山中的她学些什么、珍惜什么？

在一天时间内，每一组家庭以接龙的方式参与拟题比赛。"梯田上的那抹光""油菜花也有芬芳""梯田的守望者""心如花木，向阳而生""云田·菜花·艳阳""在希望的梯田上""金色的梯田，金色的女孩""但爱花田美，更喜人芬芳"……全班共23人，拟题共34个。全班学生及其家长的参与热情空前高涨，大家集思广益、智慧碰撞、互相启发、灵感乍现，拟题质量越来越高。

自主参与投票：请以家庭为单位给以上拟题投票，每个家庭最多可以投6票，得票最多的前两个题目，根据"三文合一"和"颇有创意"评出最佳题目奖和最佳创意奖。

自主投票结果：获得最佳题目奖的是××佳家庭的"花田十里不如你"，获得最佳创意奖的是××依家庭的"那山·那田·那人"。

对照班的拟题是"山花""一路春风""背着花的小女孩""梯田中的那道

光芒""油菜花""身影",全班共有6人参与,拟题质量明显不如实验班。

一次意外的活动,把寒假生活和学科学习紧密地联系在一起。笔者也参与了此次拟题比赛,所拟题目是"金黄的油菜花""梯田上的哈尼姑娘""心的洗礼"。笔者发现学生和家长们的思维更开阔,拟写的题目更具有灵性之美。通过此次拟题,在推敲和评比中,学生对语言文字的敏感性会更强,对现代文学的追求欲会更浓,对传统文化的热忱会更高。

2. 课堂参与积极,对自主互动参与的促进作用

从课堂参与情况来看,实验班是主动吸纳、互动参与型,对照班是被动接受、埋头苦干型。八年级第一学期期末考试的一组对比数据(见表1-2-1)。

表1-2-1 实验班和对照班的学习成绩比较

比较项目	实验班	对照班
语文90分以上	8个	2个
语文学科平均分	86.65	83.95
四门学科平均分	语文、英语、物理三门学科平均分都超过对照班	
四门总分360~369分	6个	3个
四门总分370分以上	7个	3个

究其主要原因,丰富的寒假生活改变了传统的学习方式和被动的学习态度,学生玩中学、学中乐,促进了学习成绩的有效提高。

3. 乐于探究学习,对高深广度学习的促进作用

2019年2月5日,逸同学和爸爸去公园散步,爸爸回家后写了一段题为《冬游古钟园》的随笔。

春节刚过,公园依旧是冬天的景象,没有了往日的喧嚣,公园道路也变得宽敞,湖水没有鱼儿打扰,水平如镜,石拱桥及其在水中的倒影,如一轮满月。此时正下着雨夹雪,看到池塘边枯萎的荷叶,眼前浮现"留得枯叶听雨声"的意境。梅花渐渐凋谢,但香味依旧,再次证明"梅花香自苦寒来"的坚忍精神。桃树虽然看不到一点开花的迹象,但不久的将来,它是第一个把我们带入春天的花朵。

逸同学对爸爸随笔中的"留得枯叶听雨声"心生疑惑,于是她主动对其中的文字、文学、文化现象进行探究和考证,给初中语文的探究性学习打开了一道门、一扇窗。

"留得残荷听雨声"出自《红楼梦》第三十七回，宝玉嫌大观园中的荷叶已经残败，随口叨叨说破荷叶可恨，要遣人拔去。黛玉却偏偏和他争论，说平时并不喜欢李义山（李商隐）的诗，独爱这句"留得残荷听雨声"。于是宝玉听到黛玉的话便似圣旨一般，立刻诺诺连声说，果然是好诗句，留着破荷叶不用拔去了。

原诗是"留得枯荷听雨声"，出自唐代诗人李商隐（字义山）的《宿骆氏亭寄怀崔雍崔衮》：

竹坞无尘水槛清，相思迢递隔重城。

秋阴不散霜飞晚，留得枯荷听雨声。

诗歌的意境比较委婉，用笔简练，以竹坞、亭槛、流水、枯荷等极其普通的景物，勾勒出清幽绝妙的意境。最后一句是全诗的点睛之笔，写诗人聆听雨打枯荷的声音和诗人的心情变化过程。

古诗在漫长的历史流转过程中可能有个别字句变化，所以有"枯荷"与"残荷"的差异。曹雪芹作为中国最伟大的文学巨匠之一，本身就是一位出色的大诗人，他对诗词有自己的独到研究，"残荷"二字的改动，似乎比原诗更有韵味，声调也更抑扬。

所以林黛玉是故意改的吗？李商隐写下"留得枯荷听雨声"，林黛玉说成"留得残荷听雨声"，爸爸却写成"留得枯叶听雨声"……

这段看似自言自语的旁征博引，反映了一个学生对于语文学习的好奇心和探求欲。这是不可多得的学习状态和精神，这与通常所见的父母、老师逼着学生学习，一味地追求学习成绩，不管不顾学生的内心感受，与苦不堪言的学习状态形成鲜明反差。"学中有研、思中有乐"，把对文字、文学、文化的喜欢融汇在寒假生活重建的过程中，化成自我教育的一部分。

四、只有活学活用，"无用之用"才是"真用"

本班学生在2019FPSPI未来问题解决全国现场活动展评中有着突出表现：2019年3月22日下午，2019FPSPI未来问题解决全国现场活动展评在花桥国际博览中心正式拉开帷幕，上海40多个团队及个人与来自北京、重庆、成都、广州、深圳等地的参赛团队比拼全球问题解决和社区问题解决两个项目，竞争晋级国际会议的"入场券"。临港实验中学的参赛队伍——××欣、××

珏、××成、××杰，以市二等奖的成绩从市级赛中成功晋级全国赛，并在2019FPSPI未来问题解决全国现场活动展评中荣获二等奖（见图1-2-2）。

图1-2-2　××欣等同学在2019FPSPI未来问题解决全国现场活动展评中荣获二等奖

如果没有寒暑假生活的策划、实施、评价、反思等情境体验和创生积淀，只一味埋头于书堆，相信这种发现生活中存在的问题、分析问题的方法和角度、解决未来问题的创意和能力是可遇而不可求的。

从人的生命全程视角认识寒暑假的独特价值，即回归到具体的人的存在，在个体生命史层面探讨教育与人的生命的关系。学生的寒暑假是一个不同于学生家庭教育、社区教育和学校教育的"第四教育世界"。寒假生活策划，让众多参与者的教育发展自觉逐渐唤醒，如学生存在感、班主任领导力、家长教育觉醒、社会教育力等，并最终都实现了真正的发展。

教育的终极价值是使人幸福。生活是教育的起点和目的，学生的成长离不开校园生活、社会生活、家庭生活，而假期生活正是学校教育走向家庭、社区、社会延伸和发展的新样态。让学生做主自己选择、家长加入协助、教师引导参与、专家指导帮助、社会力量助力，构建起一个学生、教师、家长、专家、社会人士共同参与、合作创造的新的教育世界，它回归到具体的人的存在，将学生本性中的真、善、美潜能挖掘出来，从人的生命全程视角观照个体发展，实现教育对学生生命成长的关怀。

在"互联网+"时代，教师不学习会被信息源淹没，家长不学习会在孩子的快速成长阶段显得力不从心，学生不学习会举步维艰，甚至寸步难行。在学习型社会中，变被动接受为主动吸纳，才不至于眼高手低，陷于焦虑和困窘的泥淖。所以，家长、孩子、教师、社会人士都要在学习中并肩前行，这样才能给孩子们的成长发展以助力赋能。寒假生活重建，有助于改善亲子关系、建立师生关系、增强社会融入，并始终贯穿着全人、全程、全方位的教育理念。

探寻"水文化"，展示生活新样态

上海市浦东新区南汇新城镇是一个海边城镇，周边水资源丰富。为了让临港新片区的孩子热爱脚下这片土地，2020年寒假笔者以"水文化"为载体，带领学生认识新片区资源的创新型开发，挖掘新城镇建设的独特意蕴。

策划围绕三个问题展开讨论：一是你了解自己家乡的水域吗？二是挖掘"水文化"内涵，我们能做什么？三是了解"水文化"，我们能做成什么？班内的讨论气氛非常热烈，学生参与策划的热情高涨。

在讨论第二个问题时，黄同学说他不太理解"水文化"的含义。易同学回应并解释说："我认为'水文化'可分为'传统水文化'和'现代水文化'。前者是纯天然的、绿色的、生态的，更接近人文性。我们暑假去浙江武义探寻古村落文化时见到的小溪流水，了解的水碓文化，参观的古窨青塘遗址等都属于'传统水文化'范畴。而'现代水文化'更侧重于对水资源的开发和利用，进行水环境的生态保护等，更趋向于科学性，如临港滴水湖的水环境治理，临港海绵城市的水循环系统等。"易同学对"水文化"一分为二的阐释新颖独到，引发了同学们的积极思考和热情回应。

师生在互相启发下，初步明确了探寻"水文化"的主要问题（见图1-2-3）。

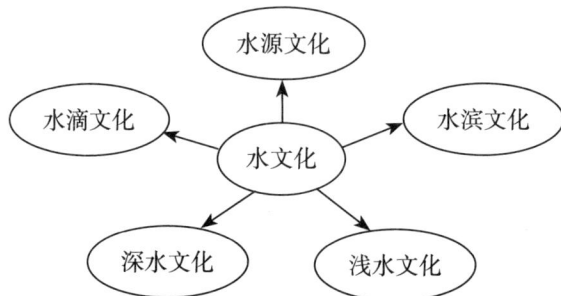

图1-2-3 "水文化"的问题探究

（1）水源文化：探寻自贸区新片区的前世今生。

（2）水滨文化：探访自贸区新片区的新兴崛起。

（3）浅水文化：探究自贸区新片区的海绵城市。

（4）深水文化：探索自贸区新片区的深海奥秘。

（5）水滴文化：探求自贸区新片区的水滴蕴藉。

在讨论第三个问题时，师生共同对探讨"水文化"实践与体验的评价方案进行汇集，明确我们能做成什么，以及活动对临港地区的学校、学生、家长、教师有什么积极意义。

（1）水滴文化体验："'水'样年华"的诗词吟诵和文学创作。

（2）志愿者服务：大隐湖畔书局、航海博物馆、海昌海洋公园。

（3）进行岗位体验：临港企事业单位的岗位实践，进行职业生涯规划。

（4）进行科学探究："彩虹鱼——深渊极客研学基地"主题探究。

（5）开设微讲堂：海洋生物微讲堂、航海知识微讲堂、水环境保护微讲座。

（6）小课题研究："临港的过去、现在和未来""水生态保护的方法和措施"。

（7）实验小报告：水的电解和利用。

（8）科学小论文：探究人类与"水文化"的关系。

以使命促进文化理解，以情怀激励深度思考，以智慧启迪研究主题。相信在多力共驱、多学共进、多方赋能的多主体合作学习中，学生寒假生活的新样态将会展现出来。

寒假生活促进学科素养提升的实践与反思

"你好，寒假！"项目为学校和教师提供了一个学习、研究、交流、提升的体验平台，并引发新的思考：能否基于学生学科素养和学习习惯，促成寒假作业的华丽转身，让作业不再是老师的烦心、孩子的烦恼、家长的纠结呢？能否通过假期作业的创新设计，反哺新学期常规作业的改革实践？能否通过生活化的作业设计，建立寒假与学期初生活之间的联系，构建课上与课下的校内生活，联通校内与校外的学习生活以及对初中学生的成长与发展做尝试性整体规划？

围绕上述问题和思考，笔者尝试打通校内校外的时空界限，整体规划设计假期与学期初生活，以学生为中心，以学生主体参与为主要形式，聚焦学科素养提升和学习习惯养成，从作业的设计、作业的实施、作业的评价等方面做新的尝试。下面以笔者在寒假生活与学期初生活重建中的实践为例，阐明其内涵和意义，再进一步探讨其普遍价值。

一、联通生活，让作业具有趣味性，关注学科素养的提升

1. 基于学生的兴趣

学生的学科素养不是"教"出来的，而是"润"出来的。教育要顺应学生的天性和成长规律。学生的天性是什么？他们的第一天性就一个字：玩。

玩，"玉"字旁（"王"是"玉"的变体），从"元"。"王"者，玉也。古代汉语中，凡表示与美好事物相关的词，都用一个"王"相配，如珠、琼、珍、琢、玑等。这启示我们：玩是一种很高贵、很有价值的活动。"元"者，首也，表示玩是一种动脑筋、有创意的活动。二者相连，玩就是一种有价值、动脑筋、有创意、很高贵的活动。将学生的玩和个体生命成长相结合，即利用寒假生活实现终身学习和发展，不断追求自我与世界的完善。教育的目的是帮助

学生实现更好的成长，因此，假期活动设计的出发点是朝向学生的成长需要。此时，教育者的专业性表现为协助成长而不是胁迫成长，顺应天性与规律。

2. 回归学生的生活

一切知识都源于生活。只有来自生活的知识才是真知，也只有把知识用于生活才有意义。更何况，整个假期，学生在一个大社会的环境中生活，时时刻刻都与自然界、社会、他人发生联系。我们设计的寒假作业就是要引导学生从自己亲身的观察、接触和经历中，接受、筛选、加工和处理相关信息，创造性地体验生活、回眸自己、理解他人、享受情趣，在寒假生活和学期初生活重建中展示寒假生活的丰富多彩与生命成长的别样美丽。

3. 评价促进发展

2019年1月25日，全班共有19个孩子参加了"寻梦行动——寻找心目中的理想学府"活动。下面是王同学的美篇作品。

附：

诗酒趁华年

时序正值隆冬，江南的温煦挡住了本该来临的风雪。

心下是微微的期待与欣喜。

越过清晨的浓雾与闹市的阳光，世界瞬间明朗起来。

实验学校给人的第一感觉是缕缕清风拂过树梢，拂在心尖。

校园安静得只能感觉到鸟啼、微风及无限活力与朝气。

校园长长的过道连着树荫下轻轻晃动的影子，跟随着范老师轻柔细腻的讲解，走过洒满阳光的教室、活力无限的实验楼、大气立体的摄影佳处。

校园每一处都尽显实验学校的大气、创新和实践。

这里的学生都是藏着无数新奇想法的创造者和诗人，这里每一个风吹草动都被赋予了生命与诗意，哪怕是一株不知名的野花，都是一处重生的力量，在这样一个神奇的地方，摇摇曳曳。

阳光洒向教室前的走廊，有花香、鸟鸣、树影，我不禁在想：在这样一个环境中学习，比那些"填鸭式"教育，比疯狂跑操、奋笔疾书，比打鸡血似的晨读不知有意义多少倍呢！

也许上海的教育大背景不像其他城市那样盲目跟风，每个学校都有自己独具特色的设计与创造力，这里的学生怀揣着一颗虔诚的心，向往着更广阔的世界。

我想，这也正是实验学校的教学理念及其独一无二的鉴赏力和探索精神吧。

百年交大，巍巍交大。

在领略过全"魔都"鼎鼎有名的"上实"之后，钱学森图书馆和交大校园也是此次活动的目的地。

半小时的活动时间略显匆忙与紧张，操场无疑是一个很好的用来感受校园力量与温度的场所。在双杠区域玩耍的孩子多半是交大老师的孩子，一位体育老师妈妈不断鼓励着孩子坐上双杠一览整个操场的风景。

孩子们在一旁叽叽喳喳地告诉我们如何爬上双杠，这里的孩子每天在这样的氛围中玩耍，也不断学习着，心中感触良多。

"休对故人思故国，且将新火试新茶。诗酒趁年华。"

（1）教师评价

"诗酒趁年华"，好有诗意的名字。"这里的学生都是藏着无数新奇想法的创造者和诗人，这里每一个风吹草动都被赋予了生命与诗意，哪怕是一株不知名的野花，都是一处重生的力量，在这样一个神奇的地方，摇摇曳曳。"生命的诗意被一缕缕地挑亮，有晨曦就有微光，朝着原动力的方向。

（2）家长评价

王爸爸："读万卷书，不如行万里路。"感谢董老师利用假期时间带领孩子们开展"寻梦之旅"活动，长见识，立壮志。孩子们一点一滴的进步，都凝聚着老师的心血。"莫等闲，白了少年头，空悲切。"为女儿加油！为八（1）班加油！为无敌的七色花中队加油！

（3）他人评价

王同学的美篇作品《诗酒趁年华》，网上阅读点击量154人次。

王同学的美篇作品得到了华东师范大学闫教授等人的点赞。

浦东教育发展研究院附属中学的马老师评价：这名学生好厉害！文美有内涵，图亮角度赞！

安徽滁州市第五中学的葛老师评价：写得真美！

杨同学评价：厉害，厉害！

学科素养，在日常生活的见闻、表达、阅读、写作中凝练而成，在他人的鼓励、赞扬、支持、欣赏中日臻完美，在自我的悦纳、辨析、反思、提升中实现转化。

二、长程设计，让作业更具节律性，促进学习习惯的培养

1. 家校联手，打通沟通壁垒

寒假前，在家长开放日活动中，家长参与了寒假作业的设计与布置工作；寒假中，"互联网+"之七色花中队班级群为寒假活动的有序开展和寒假生活的丰富多彩创设了信息交流平台与作品展示平台。学生、家长、老师的互动、沟通和交流，为寒假生活和学期初生活重建奠定了坚实的基础。

2. 创新形式，打造炫酷地带

附：

2019年学生寒假生活与学期初生活重建之春节特别作业

从山上往下看，缎带般的注满水的梯田，层层叠叠地铺下去。在阳光的照耀下，微风拂过，搅起一池碎金，刺眼的阳光，晃得我睁不开眼睛，不得不戴上了遮阳帽。只见几个皮肤黝黑的小孩混在游客中间，一看就是当地的少数民族。这时，我眼前一亮，一个本地小姑娘，背着装满了油菜花的竹篓，不知何时走到了我们身旁，在这一月的冬季里，这样一抹灿烂的黄，让我的心生出一股温馨与暖阳。

妈妈主动和她搭话，问她能否带我们去下面游客更少的梯田，她同意了。路上，我们知道了她叫王小妹，今年五年级，我有些不敢置信，眼前这个个子才到我心脏位置的女生，竟上五年级了！可到了上山时，她的表现令我刮目相看：这座山很偏僻荒凉，连台阶都没有，我们小心翼翼地踩着长满苔藓的石头前行。树木高耸入云，阳光透过叶子的间隙，星星点点地倾泻下来。生活在平原地区的我很少走山路，刚走一会儿就瘫软了，再看那个小姑娘，三步并作两步，在林中跳跃着，不时停下来等我们，遇到难走的路还转身来搀扶我，她拉住我的那一刻，身后背篓里的油菜花跟着背篓摇摇晃晃，跃跃欲出。

到了梯田边，大家对着身后的梯田，左扭右摆，一阵猛拍。妈妈左看看右看看，似乎觉得缺少了些什么，便向小姑娘借了背篓。"你抱着这个拍会更好看些。"我接过那背篓，以为很轻，谁知那背篓就像石块一样沉重，真的难以想象，她背着这篓油菜花一路飞奔，翻过了山梁，健步行走在仅供一人行走的梯田上，而毫无负担的我则跌跌撞撞，几次险些滑倒！她却说：

"不重啊！我们这里很多这种花，它们开放的时候，遍地金黄，看上去非常耀眼、明亮、美丽，我的家有点破，有点黑暗，我采一些花回家插到花瓶里，家里就漂亮了！也没有那么黑了！我帮奶奶背柴的时候比这个重多啦！"

太阳照在我们头顶上，火辣辣的，我的嘴巴干干的，喉咙里好像要冒出火来，心里像揣了只兔子般，仿佛要跳出胸膛。小女孩钻进山上的树丛，从树丛中折了一根棍子一样细长的东西递给了我。"给你，这个能解渴，剥了皮就能吃。我们在山里玩渴了经常吃这个，或者喝山泉水，我们从来不用买水喝的！"我一咬，酸酸的，丰盈的汁水，使我的喉咙不再火辣辣的。"好吃吗？"她试探性地问我。一双充满渴望的大眼睛紧盯着我，露出一口洁白的牙齿，头上的银饰闪闪发光。"好吃！"我回答道。

回去的路上，我好奇地问她家里有几个兄弟姐妹，父母就是种梯田的吗？她告诉我她父母都在山东打工，春节不回家了，她和哥哥还有奶奶一起生活，平时她会帮奶奶一起种梯田，也会帮奶奶把鱼苗放进梯田里，养大了可以抓出来吃。"我奶奶还养了很多小鸡苗，它们非常可爱，我会给它们切菜，然后喂它们。"说这话的时候，她依然疾步走在我们的前面，背篓里的油菜花伴随着她一深一浅的脚步摇摇晃晃，在我的眼前跳跃着，我不能看见她的神情，但我能感受到她说这些的淡然与平静，这些都是她应该做的最正常的事情！

送君千里，终有一别。到了分别的时刻，我们虽然只一起走了两个小时，却似乎走过了千山万水，她甚至红了眼眶。她用袖子擦了擦眼泪，把她头上的银饰摘下来。"来，戴着我的头饰，让你妈妈给你拍张照，留个纪念，你不是很喜欢它吗？"

说完，让我弯下腰，她帮我戴上了银头饰，再把背篓塞进我的手里，嫩黄的油菜花便再次绽放在我的怀中，映着我微红的脸。

道别，转身，上车，车载着我们渐行渐远，直到王小妹，这个哈尼族小姑娘变成一个小黑点，直到她背上的油菜花彻底消失。这个哈尼族小姑娘，用行动赋予了金黄的油菜花新的意涵，是乐观向上，是热情友善，总之，她身背油菜花的身影，久久印在我的心上，吐露芬芳，如幻如真。

临港实验中学海洋中队班级群中的家校合作互动

董老师：没有生活，就没有写作。

刘爸爸：身教胜于言传，谢谢董老师。

董老师@刘爸爸：不好意思，没有率先垂范，这是吴迅中学于老师的女儿写的一段文字，我只是看到朋友圈里的好东西就转发给孩子们，作为学习写作的范本。

刘爸爸@董老师：依然值得点赞，文字优美，描写细腻，画面感很强，对孩子们有很大的指导意义。

董老师@刘爸爸：很喜欢的一段佳文，希望孩子们也能喜欢！欢迎孩子们给此文拟一个题目，看谁能拟出紧扣文字内容，又有文学气息，还有文化意蕴的好题目。

刘爸爸：名为"山花"如何？欢迎指正。

董老师：欢迎竞答。

临港实验中学海洋中队的学生、家长、老师共有9人次参与了此项竞答活动。

（1）"山花"。

（2）"一路春风"。

（3）"金黄的油菜花"。

（4）"梯田上的哈尼族姑娘"。

（5）"心的洗礼"。

（6）"背着花的小女孩"。

（7）"梯田中的那道光芒"。

（8）"油菜花"。

（9）"身影"。

临港实验中学七色花中队班级群中的春节特别作业

春节特别作业之有奖竞答：

（1）曾同学家庭："成长"。

（2）周同学家庭："那山·那田·那人""暖阳与你同在"。

（3）陈同学家庭："梯田上的那抹光"。

（4）康同学家庭："难忘的梯田"。

（5）奚同学家庭："渴望"。

（6）王同学家庭："油菜花也有芬芳"。

（7）范同学家庭："梯田印象"。

（8）邢同学家庭："永远绽放的油菜花""梯田间的纯朴""两个小时的记忆"。

（9）杨同学家庭："跳动的油菜花"。

（10）刘同学家庭："梯田的守望者"。

（11）朱同学家庭："梯田上的收获"。

（12）董老师家庭："金黄的油菜花""梯田上的哈尼族姑娘""心的洗礼"。

（13）闵同学家庭："心如花木，向阳而生"。

（14）祝同学家庭："金色的梯田，金色的女孩""在希望的梯田上"。

（15）傅同学家庭："漫漫旅途，明媚阳光"。

（16）刘同学家庭："在那油菜花盛开的地方""穿越在记忆中的油菜花""阳光下的梦想"。

（17）杨同学家庭："但爱花田美，更喜人芬芳"。

（18）王同学家庭："云田菜花春""云田·菜花·艳阳"。

（19）易同学家庭："花田十里不如你"。

（20）陈同学家庭："向阳而生"。

（21）艾同学家庭："朴素之美"。

（22）闵同学家庭："金灿灿的油菜花""火热的心""阳光与梯田""心向光明，生生不息"。

投票通道之评选结果：

最佳题目奖：易同学家庭"花田十里不如你"。

最佳创意奖：周同学家庭"那山·那田·那人"。

这是一次意外的拟题竞答活动，把海洋中队班级群中出现的活动创意移植到自己班级，于是就有了这份春节特别作业。从活动效果来看，学生、家长、教师在春节特别作业中的意外收获大大超出了预期。此项活动大大激发了学生、家长、教师、社会人士、专家教授多力驱动、多环交融、互学共进的参与热情，增强了学生对祖国语言、传统文化的热爱，激起了学生对自然之美、人性之美的追求和向往，锤炼了学生的学科素养和人文素养，对于提升学生寒假生活的生命质量有明显效果。

3. 搭建平台，促进互动演示

寒假期间，瞿同学读了沈从文的《边城》后，对沈从文笔下描述的凤凰古城产生了浓厚的兴趣，暑假，她和父母一起策划了凤凰古城的实地考察与游历活动。下面是她在"你好，寒假"活动中的交流分享。

附：

读你千遍，不如一见

大家好，我是七（2）班的瞿××。

今天，让我们一起走进沈从文先生笔下的《边城》，一同感受一下和谐、纯净的湘西世界。

暑假，在我还没读完《边城》这本书的时候，爸爸妈妈带我来到了这座充满韵味的小城。

经过一夜的火车颠簸，拖着沉重的行李箱，睡眼蒙眬的我被眼前的景色惊呆了。诗云："边城胜景令人醉，疑是身在画中游。"

凤凰城，中国最美丽的小城，它是一个以苗族、土家族为主的少数民族聚集地。

沈从文先生曾居住于此，他是现代著名作家、历史文物研究家、京派小说代表人物。其故居具有浓郁的湘西特色，镂花的门窗小巧别致、古色古香，现为湖南省全国重点文物保护单位。

《边城》是沈从文的代表作，入选20世纪中文小说100强，排名第二位，仅次于鲁迅的《呐喊》。它以20世纪30年代川湘交界的边城小镇茶峒为背景，以兼具抒情诗和小品文的优美笔触，描绘了湘西地区特有的风土人情；借船家少女翠翠的纯洁爱情故事，展现了人性的善良美好。

边城有"三美"：

1. 青山绿水风景美

小说中那清澈见底的河流，那凭水依山的小城，那河街上的吊脚楼，那攀引缆索的渡船，那关系茶峒"风水"的白塔，那深翠逼人的竹篁中鸟雀的交替鸣叫……这些富有地方色彩的景物，都自然而又清丽，优美如画，让人如入梦境，无不给人以美的享受。

2. 古朴和乐风俗美

《边城》中有一个质朴而又清新的世界，一个近乎世外桃源式的乡村社会，表现出仁厚、淳朴的土性乡风。

看，这是我在古城买的手鼓，它是当地非常有特色的打击乐器，我在那里还拍了一段小视频，我们一起来欣赏一下……是不是很好听？

银饰，可是当地家家户户都有的传家宝，新人成婚前，男方都要以银饰作为彩礼相送，它在当地人民心目中的分量可重啦！大家可知道，著名的歌唱家宋祖英也是土家族人，她曾穿戴全国最重的银饰上台表演，大家猜一猜有多重？……猜不到吧，重达30千克呢！

3. 淳朴真挚人情美

边城人民保持着昔日宁静和谐的生活环境与淳朴勤俭的古老民风。透过字里行间，我们能感受到沈先生努力建构了一个充满自然人性的世外桃源，创造的人物闪烁着人性中率真、美丽、虔诚的一面，边城人民就是人性美的代表。

夜晚的古城灯火通明，七彩的霓虹灯与缓缓流淌的江水交相辉映，夜色越浓景致越美……

读完沈从文先生的《边城》，我进入了一个美好的世界，在那个世界里一切都显得那么自然、那么可爱，我喜爱里面的一切。这幅湘西茶峒景致，不仅记录着淳朴自然的边城，同时也弥漫着浓郁的爱情诗意。

那淡淡的忧愁，浅浅的思绪，让我感觉到在缓缓流淌的小河旁，有一个为了完成爷爷的愿望和寻找自己幸福的女孩在耐心地等着她的心上人，可是，那个人会来吗？

谢谢大家！

…………

语文学科素养不是生来就有的，在学校课堂上，在寒假生活中，通过阅读、交流、体验、感悟、表达等方式，经过长时间的浸润、积累、酝酿、汇聚，于是就有了清澈如甘泉、灵动如溪水、磅礴如巨瀑、醇厚如琼浆的酣畅淋漓的语文学科素养。

寒假既是学期末的延续，又是学期初的衔接。联通了寒假生活和学期初生活的寒假作业设计、开学的学习成果交流、学期内的学习活动安排，激发了学生的参与热情，为学期初学生回归校园生活提供了积极的心理准备，学生的学习状态较以往也有了可喜的转变。面对这些丰硕的成果，我们有必要思考：怎么维持这股学习的势头，催化并有效推进学期中的学习生活？寒假生活的设计理念如何与学期中的学习设计无缝对接，优化学生的学习生活，促进校园生活的良性循环与循序渐进？未来的教育究竟是怎样的？未来是不确定的，但又是可以预见的，通过怎样的作业设计，培养和发展学生的核心素养，使之既符合未来社会对人才发展的需求，又能达成当今教育发展的目标要求？

积极探索、勇于实践，是家庭教育、学校教育、社区教育、社会教育不断进步发展的必由之路。从未来角度而言，如果没有对教育的理解，终究不能创造出我们所需要的教育。教育的未来不是我们要去的地方，而是我们正在创造的地方。

"寒暑假生活与学期初生活重建"研究项目 对初中生成长的意义探究

——以上海市临港实验中学七色花中队为例

2017年年初，笔者及所带班级有幸加入由上海市终身教育研究院执行副院长李家成教授发起的"寒暑假生活与学期初生活重建"研究项目，在初中阶段的完整学习生涯中，我们不仅学习学校课程，还以"寒暑假生活与学期初生活重建"为主要研究对象，开展多主题、分层次、重实践的研究项目，取得了良好的教育成效。

一、实验班和对照班的学习成果比较

（一）学习成果比较

1. 2016年第一学期期末质量比较（见表1-2-2）

表1-2-2　2016年第一学期期末质量比较表

比较项目	实验班平均分（21人）	对照班平均分（20人）
语文（100分）	75.76	73.95
数学（100分）	82.81	81.95
英语（笔试100分+口试20分）	97.48	98.85
总分（300分）	239.8	238.3

（样本比较：实验班和对照班是一个年级中的两个平行班，实验班中未参加分班考试的学生补测成绩三门137分）

2. 2020年中考质量比较（见表1-2-3）

表1-2-3　2020年中考质量比较表

比较项目	实验班（22人）	对照班（21人）
语文130分或以上人数（班主任任教学科）	6人	2人
总分590或以上人数	3人	0人
总分580或以上人数	4人	2人
总分572分或以上人数（零志愿最低投档分数线）	8人	4人
语文平均分（总分150分）	124.91	121.76
数学平均分（总分150分）	133.77	133.76
英语平均分（总分150分）	133.93	132.98
物理平均分（总分90分）	80.09	79.14
化学平均分（总分60分）	53.91	52.95
体育平均分（总分30分）	29.14	29.02
平均总分（总分630分）	555.98	550.1
道德与法治（等级考试）	8人优秀	4人优秀

（二）综合素养比较

实验班的获奖情况（见表1-2-4，对照班少有区级或以上的学科或科艺类奖项）。

表1-2-4　实验班的获奖情况一览表

学生	获奖情况
××颐、××萱	在国际青少年音乐公开赛上荣获二、三等奖
××书	在上海市青少年帆板锦标赛（场地赛、长距离赛、全能赛）中荣获第二、三、五名
××欣、××杰、××成、××珏	2019FPSPI"未来问题解决"全国现场活动展评，全球问题解决行动计划展示初中组二等奖
××颐	原创绘画作品获得12项国家奖项、1项市级奖项、1项区级奖项
××颐	获第18届中国日报社"21世纪杯"中学生英语演讲大赛二等奖
××颐	在全国中学生作文竞赛中荣获初中组一等奖
××逸	在上海市中学生现代文阅读大赛中荣获一等奖
××颐、××怡	创作画多次在《中国美术报》《新闻晨报》《浦东时报》上发表
××舟	在浦东新区古诗文竞赛中荣获一、三等奖

（三）学习经历比较（对照班少有校内外班级特色课程的实践体验）

初中四年，除学校课程学习外，还有校内外班级特色课程的实践与体验：家长智慧课堂、研学旅行活动、君子文化的实践与探索、博物馆课程、探寻非遗文化、探寻"水文化"以及初中四年持续不断的"寒暑假生活与学期初生生活重建"项目研究。

（四）任课教师教学感受比较（见表1-2-5）

表1-2-5　任课教师教学感受比较一览表

教师	实验班	对照班
教师甲	班级学生较为活跃，敢于向老师表达自己的想法，也愿意在同学面前分享自己的想法，班级核心凝聚力较高。班级中学生之间的差距较大，大部分学生思维活跃，有自己的想法	班级学生中规中矩，比较听老师的话，不太有自己的想法。班级中会有一个个小团体，会以小团体来与老师分享交流，而不是个体。学生比较被动，不愿主动争取，对于老师布置的任务会认真完成
教师乙	比较热情灵动，有许多"鬼马精灵"般的学生，不管是课堂上，策划活动时，还是运动场上，都能充分体现这样的特点，有时候甚至让老师都招架不住，却也不失可爱	比较含蓄内敛，不善于当众表达，但他们拥有的是踏实和沉稳，不论是平时的作业还是教室的布置，都能细致地完成
	如果把两个班级比作人，实验班像一个活泼好动的男生，对照班像一个文静内敛的女生	
教师丙	学生思维比较活跃，知识面较宽，乐于表达自己的见解和感受，对人、事、物的认识可以从多个角度自信流畅地表达	学生比较拘谨，喜欢埋头苦干，实践精神和创新精神缺乏，比较听话，做事按部就班，很少有主见和独立自由思想的表达

二、实验班的"建班育人"过程回顾

（一）"建班育人"的初始

2016年，笔者从惠南城镇学校调入南汇新城学校。工作环境改变，笔者做好了"一切清零，重新出发"的思想准备。虽然调任时笔者已在教师岗位上锤炼了26个年头，已有23年的班主任工作经验，但是面对28.6%的高学历家长（硕士学位或以上）和21位个性迥异、学习情况差异较大的学生，笔者还是有着三分忐忑和七分发怵。在严峻的事实面前，唯有接受挑战才是唯一出路。

笔者接受校长的意见和建议，申请了市德育实践课题"且行且思——初中生探寻文化之旅的实践与反思"，没想到从没申请过课题的"门外汉"竟然初试成功。带着忐忑与憧憬，笔者开始了这段非同寻常的"建班育人"之旅。

（二）"建班育人"的发展

根据以往的教育教学经验，笔者把初中四年规划成规范化教育、能力化提升、均衡化发展、目标化管理的德育研究序列。从2016年7月4日分班考试开始，笔者就关注起每一个孩子的班级日常生活和学习表现。利用暑假时间，进行100%的家访，形成家校合力，争取家班共育。初中第一年，在人人有岗位、月月有评比、家长智慧课堂、研学旅行活动中，逐步形成"我是班级小主人"的主人翁意识和岗位意识，创设积极进取、公平竞争的学习环境和先做人、后做事、再做学问的班级育人氛围。

在这个阶段，不和谐的音符和旋律时有发生。分班测试中，三门总分55分的A同学，在暑期军训活动中，因为肢体不协调，经常掉在队伍后面，学校领导建议会操时每班可以有两个学生不参加。9月12日，第一次"家长学校活动"之后，天色已经很晚了，地理老师疾步追上来，和笔者边走边聊，班上的B同学经常课上插话，打断老师上课，老师嗓门儿高，他比老师嗓门儿更高。C同学在芳香社团课上，因为和老师起了冲突，把制作芳香奶茶的锅掀翻了，把实验室里的所有试管刷都拧弯了。在长风公园的春季社会实践活动中，D同学和外校学生因为"海盗船"活动项目的插队问题起了争执，二人大打出手。同学相处中挥拳头打人、掐脖子的现象时有发生。心理课上，在教室里跑来跑去，语言表达随意。第一次外出社会实践活动，在"东方大港"展示厅，不少男生不听介绍，在展厅的各个通道和角落跑来跑去。运动会上，班级凝聚力不够，参赛选手士气不足，导致集体荣誉受损……这样的情况不一而足。

分析其原因主要有以下四个方面：①学校是2015年成立的新学校，教育教学管理工作还处在外部环境适应、内部对象了解和工作实践摸索阶段；②学校年轻教师居多，以大学刚毕业的年轻教师和实习教师为主，课堂教学和课堂纪律管理等方面的能力有待提高；③笔者对学校管理、工作环境、服务对象的磨合与适应需要一定的时间；④男生问题比较突出，榜样人物缺失，行为规范偏差，个别学生行为冲动、缺乏理性。另外，由于笔者外出教研及学习活动频繁，因此，学生在"弹性化"的教育链中各取所需，各得其所，个别不自觉的学生会有过度的表现欲。究其根本，班级建设缺乏学生自我管理的能力和自我教育的氛围。

（三）"建班育人"的进阶

2017年2月，笔者有幸参加"寒假生活与学期初生活重建"研究项目，学习广东深圳陈才英老师"基于学生立场，民主管理班级，充分发挥学生和家长设计、组织、参与活动的主观能动性，以开放式假期活动促进班集体建设"的理念和行动，结合班级实际，开展了为期一周的"过年啦"主题教育活动。通过"互联网+"的微信群分享，班级凝聚力大大增强，个体、群体在活动中都有了发展变化。

之后，就有了家长智慧课堂、研学旅行活动、君子文化的实践与探索、博物馆课程、探寻非遗文化、探寻"水文化"，以及初中四年一以贯之的"寒暑假生活与学期初生活重建"项目研究。

学生普遍积极主动、乐观豁达。体育节，既是为了展示运动风采，又是为班级荣誉而奋力拼搏。课上，乐于思考，勤于表达，师生互动，彼此接纳，有的还能讲得眉飞色舞，很有情绪感染力；课间，能自如地和老师对话，向同学请教问题，人际交往和谐融洽；课外，发展兴趣，培养特长，积极参与各级各类比赛，用实力证明自己；活动中，主动参与设计、组织、评价、反思，在创生和重建中进行领导力锻炼，提高核心素养，成为全面发展的人。

附：

学科老师的教学感言（赵老师）

九（1）班是一个有温度、积极向上、热情蓬勃、有凝聚力的班级。

从物理课堂来说，九（1）班课堂气氛活跃，孩子们思维敏捷、悟性好。老师抛出问题，孩子们能积极思考，迅速作答。尤其是××逸、××佳等，她们喜欢刨根问底，在她们的追问下，我可以把问题讲得更透彻、更深入。让我感动的是有部分同学特别踏实务实，不管我每次布置什么样的作业，他们总能按照老师的要求保质保量、认认真真地完成。这个班级的孩子们很直率，记得有一次有道题我讲错了，孩子们和我争得面红耳赤，下课后我发现的确是我讲错了，在（2）班上完课路过，孩子们就追着我问结果，我就坦率地承认错误。

课下，大部分时间都是（1）班的同学追着问："老师今天的物理作业是什么？"比如××宝、××然、××鋆等经常催着老师要作业，也是他们经常帮我把两个班级的作业分开，然后发下去。

九（1）班的男孩子热情洋溢，经常距离老师还很远就热情地打招呼，女孩子特别有爱心、暖心、细心！记得有一次上课期间，有同学要出去上洗手间，我不允许，随后其踹门而出。紧接着班级的女孩子马上安慰我，下课后，该男生马上向我道歉。其实我内心根本没事，在我的眼里他们就是一帮天真烂漫的孩子，因为他们的年龄和我儿子差不多。记得天热我上课出汗，××书经常会悄悄地递给我纸巾让我擦汗，我真的好感动！

优秀的班级后面总有一位优秀的班主任！董老师用爱去开启孩子们的心灵。董老师教育学生是晓之以理、动之以情的，听过之后作为老师的我们都深受感动。对于班级里出现的问题，董老师了解之后第一时间采取行动，我们反映的问题董老师更是迅速做出回应和处理。对于班级中个别同学不交作业的现象，董老师会催促我们及时进行反馈。

班级精神面貌有了极大改善，班级文化建设日趋完善，从有形的组织建设到无形的文化建设，再到整合资源、优化教育生态，最后实现群体和个体协同发展的双重目标。

三、实验班的具体案例及原理分析

（一）个别化教育的成功案例

宝同学，从三门总分55分，一年半时间提升到三门总分270分；从家访时的执拗对抗，到如今的恋校、好学、向上；从不愿拍"笑脸墙"照片，到如今欢声笑语不断；从调皮捣蛋遭人嫌，到酷爱研学旅行、学思并行。宝同学身上有太多的不可思议正在发生。

附：

2018年"我的暑假我做主"问卷调查（部分内容）

1. 今年暑假，如果有"安吉之行""天目之旅"活动，你愿意参加吗？为什么？

宝同学：愿意。因为可以外出进行一次有意义的探索与实践，可以去感受君子文化与《天目》课文。

2.如果这次暑期研学旅行成行的话，你觉得我们的活动可以有哪些创意？

宝同学：建议住在陋室、茅屋，体验生活，以便更懂得科技进步带来的美好，革命烈士用生命换来的和平稳定、幸福美好。

3.请问我们的爸爸妈妈，你们对这次暑期研学旅行活动有什么意见或建议？

宝妈：行万里路，读万卷书。这样的活动对孩子的成长大有好处，希望能多组织一些。

2018年9月9日，班级自主组织"博物馆文化之旅"活动，共有14个学生参加。在上海博物馆的青铜器馆，宝同学用一个肩膀和脖子架着"解说器"，一只手在笔记本上飞快地记录着他的学习所得。

今年中考前，他一再询问暑假去不去青海，因为我们曾经有过青海之旅毕业研学游的想法。笔者跟他说，你语文考满120分，你想去哪里我们就去哪里。没想到，这次中考他的语文果真考了120分，中考总分560.5分，被一所区重点中学录取。

无数事实证明，兴趣是最好的老师，宝同学非常喜欢七色花中队在寒暑假和节假日开展的研学旅行活动，喜欢以社会为大课堂、以生活为大教材的学习方式，玩中学、学中乐，知行合一，学以致用。他的华丽转身原因有很多，从其自身而言，个体的成长蜕变和"寒暑假生活与学期初生活重建"项目不无关系。

（二）项目研究的典型案例

笔者经常利用双休日、节假日和寒暑假，带领学生开展探寻文化之旅活动——寻访名人故居、探寻非遗文化、博物馆文化之旅、"寻根问祖，家脉传承"、探寻绍兴历史文化名城、寻访"天目七绝"、探寻安吉竹文化、探寻古村落文化等。从一开始组织研学旅行到慢慢放手参与研学旅行，至现在袖手旁观欣赏研学旅行，四年的发展变化显而易见。在2017年、2018年、2019年暑假的研学旅行活动的实践体验中，学生增进了对话交流，学会了合作共学，培育了创新精神，提升了实践能力，综合素养和团队精神全面提升。

1. 探寻绍兴历史文化名城——教育性，综合融通，生命生长

2017年，我们申请到了市级德育实践课题"且行且思——初中生探寻文化之旅的实践与反思"，在活动设计和实施的过程中，笔者更多地考虑到学生的行中学、做中学。选定绍兴历史文化古城作为探寻文化之旅的实践体验点，意在让学生在探寻的过程中进行文化积淀，提高人文素养。

在探寻绍兴文化之旅活动前，李家成教授提出了"三问"：研学旅行活动中的教育性体现在哪里？如何实现综合融通？如何促成真正的生命成长？"三问"始终贯穿活动的全过程。活动后，学生们围绕"三问"进行思考。

此次研学旅行的亮点在于图文资料的准备、活动线路图的设计、参观景点的介绍、绍兴文化的体验、比赛爬山的乐趣、东湖人景的融合等。

班级文化的实践创新，实现群体、个体的共同成长。以人为本的活动体验，促进每个生命的和谐发展。文化育人的评价反思，促进活动价值的丰富多元。

2. 探寻"天目七绝"和安吉竹文化——社会交往，学科融通，学生领导力

"你好，暑假"项目，旨在适当降低对学生学业成绩的关注度，将其融入人的整体发展之中，突出寒暑假所应有的丰富的生活。在项目研究中，强调学生综合应用所学于真实的生活世界，关注学生的合作学习，引导学生继续在假期发展学科素养。

假期中，我们更加关注学生在项目策划、组织、实施、评价中的领导力；高度关注学生、教师、家长、社区的合作。活动策划自动化，学生领导能力得到提升；活动组织自动化，学生社会交往能力得到锻炼；活动实施自动化，学生创新实践能力得到发展；活动评价自动化，学生综合素养得到有效提高。

此次活动给学生留下了深刻难忘的印象，正如傅同学所说："这次研学旅行活动，不仅融合了很多学科知识，而且也是向别人学习的好机会。尤其是班长的组织能力、协调能力让我学会了很多。篝火晚会让我锻炼了临场应变能力，学到了学校课堂上学不到的东西，同时明白了做事应该坚持不懈，虽然爬山很累，但是坚持到底就是胜利。除学校课堂之外，还有自然课堂、生活课堂。世界很大，'读万卷书，行万里路'，我要让自己的生活更充实、更丰富。"

3. 探寻古村落文化——多主体，跨时空，合作学习

临港实验七色花中队和浙江武义小水滴中队合作开展的探寻古村落文化研学旅行活动，是多主体跨时空合作学习的全国首例。互学互鉴，创生教育新资源；因势利导，拓宽教育新渠道；反思重建，共续教育新诗篇。

整个活动从设想到设计，再到实施，然后到评价，历时半年多。此次研学旅行活动，有前期调查、师生访谈、设计实施、活动感受、期初展示等活动形式和评价方式，实现多主体跨时空合作学习的活动愿景。通过制作美篇和书写感受，让每个参与者都有反馈和表达，透过学生的语言和他们所选的图片，能感悟到他们的学习和发展的具体构成。

活动得到了新西兰奥克兰大学伍尔·费舍研究中心主任、美国密苏里州立大学夏教授等专家的高度肯定。

以多主体跨时空合作学习为范式的探寻古村落文化研学旅行活动暂时告一段落，但是我们的城乡联动、互学共生、多方赋能的合作学习还在持续进行中。

（三）班级文化的特色案例

1. 君子文化——君子有道，德才兼备

以君子文化为圆心，以梅之香、兰之韵、竹之气、菊之魂小组合作为半径，用君子文化引领班级文化。通过环境文化、书香文化、岗位文化、活动文化等方式，开展君子文化的实践、创生、传播和转化。

在梅、兰、竹、菊的组徽、班徽、班服的设计中，在寻觅芳踪、植物种植、诗文吟诵、微课制作等活动中，感受君子文化的博大精深，培育具有君子气质的当代中学生和未来接班人。"以文育人，以文化人；内化于心，外化于行。"七色花中队正沿着多元发展、幸福成长的道路不断向前迈进。

2. 探寻"水文化"——热爱新城，同生共长

我们以"水文化"为载体，进行新片区教育资源的创新开发；以"水文化"为内涵，挖掘新片区城镇建设的独特意蕴。通过小课题研究、社会小调查、小岗位体验、实验小报告等方式，开展了一系列探寻"水文化"活动。

探寻"水文化"活动使学生在亲近自然社会、热爱地域文化、关注生态环境、激发生命潜能中，逐步明晰自己的理想和追求，为实现社区人与新片区同生共长、共同发展的美好梦想做出不懈的努力。

四、实验班的教育策略研究

（一）课题发端，用实践研究促使"真教育"的发生

以市德育实践课题"且行且思——初中生探寻文化之旅的实践与反思"和"基于社会心理学的班级文化引领运行机制研究"引领班级文化建设，以理论研究与实践研究相结合的方式，直面儿童的生命存在，直接影响其生命质量，以多种方式影响学生的终身发展。

附：

初中四年的成长与收获

××逸

"燕子去了，有再来的时候；杨柳枯了，有再青的时候；桃花谢了，有再开的时候。"可是，时间走了，头也不回地走了，却给我们留下了最好的礼物。

刚进初中时的懵懂寻不见了影子，生出许多想法来。正值年少，似乎什么都无法实现，可正因为如此，又有什么做不到？老师总是说，一个人一生中能遇到一个贵人是件很幸运的事情，可不经意间，老师就成了他人口中的贵人了。老师轻轻一推，把我推向那无限可能中的一条路上去。于是，我也成了一个有理想的人了。"这树让人看了是极舒坦的，极轻快的，笔直地长，只向着一个方向，像是想明白了，既然决定了要这样长，那就不顾一切地疯长下去吧！"

想好了，总要做的。一次次尝试，每次都得到了些出乎意料的东西。有时是一个出乎意料的自己，有时是出乎意料的温暖和感动，那是同学们的安慰，是老师们的鼓励。于是，一次次努力尝试，为了有一天能坚定地说道："我不曾负了自己，也不曾负过身边那些温柔的人们。"

特别的是，我们常常跟着董老师进行别样的学习。从"你好，寒假"到探寻文化之旅，从探寻君子文化到探访古村落，我们走出教室、走出学校，走进社会、走近文化，如同学所说的"像孔子带着学生游学"一般好玩有趣。我们曾自己当家下厨，也曾去过上海图书馆了解达·芬奇的秘密；我们曾自己计划寻访袁宏道笔下的"天目七绝"，也曾探访世外桃源般的古村落；我们曾与共康中学的藏族同学友好往来，也曾寻梦上实、交大，寻求人生的方向；我们曾……

不知不觉中，我们已经走了很远，又学到了些什么？似乎当下并不能马上显现出来，可是这样就是没有吗？当然不是，我们学着去做一个独立的人，去做社会的人，去做不忘根的中国人。老师上的是人生的课呀，是影响一生的教诲。教我在那人生的道路上，去做那有思想的芦苇，去做那有趣的灵魂，去做那有涵养的人。

四年哪，有困难，有挫折，有成长，有收获，可是我都过来了，现在看来，困难何尝不是成长，挫折何尝不是收获。因为这一切，我才成了我。

时光如白驹过隙，带着苦难走了，留下所有美好，如同随着时间来时那般鲜活而明亮，也终会一直这样鲜活明亮下去。

初中四年的成长与收获

××佳

回顾初中四年，我想最大的成长，应该就是从"被迫学"变成了"乐于学"。

从小学一直到初中的前期，我一直是个有点吊儿郎当的人，不记笔记，上课也总是开小差。

可能是觉得自己对不起父母的殷切期望，再加上自己也想好好拼搏一把，我从八年级开始决定好好学习。

我想"契机"是一个很重要的词。

第一个契机：

八年级时，班主任老师为我们换了座位，新座位在第一排，视野更加开阔，老师也近在眼前。我尝试着记笔记，认真听课，将老师上新课时刚讲过的知识运用在课后练习中，每做完一道题都收获了无与伦比的成就感。当有不会的题时，可以转过身去问后面的同学，同学也会耐心讲解，思路清晰。渐渐地，我从中发现了学习的乐趣。

第二个契机：

同一模式的学习难免会让人感到枯燥，这时我们的班主任大董老师发起了研学旅行活动。在研学旅行中，我第一次意识到原来学习真的是可以用另一种模式来体现的。从前我只认为"玩中学"不过是纸上谈兵，觉得真正的学习一定是需要刷题、补课来造就的。但在研学旅行中，我发现了不同的学习方式。同样是学习，却是不同层面上的提升。在每次外出研学活动中，用心去感受、感知。大董老师带我们走街串巷，从"魔都"走进大山。换了环境，心境也会有所变化。脚下的路走得越多，心胸也就越开阔。见过了不同的人和事物，内心世界变得丰富了起来，世界观、善恶观也变得立体起来。

最让我印象深刻的是老师带我们采访山里的老人。老人虽然年迈，却仍神采飞扬，精神矍铄。我们围在他周围静静地听，恍惚间好像穿进了老照片里才有的场景。无论何时想起来，这场研学旅行绝对是带给了我非常非常大的影响与震撼，是独一无二的经历。

第三个契机：

初中四年我收获了同伴。和好友一起为了学习和作业奋战到5：30才离开教室。走出校门时我可以看见大片大片的天空和晕染着的晚霞，云朵像耕好了的田地似的，有间隙地、一块儿一块儿整齐地排列着，延伸到很远的天边。

还有我印象很深刻的，就是一模前的一个晚上吧。那天讲课已经讲到了很晚，天都已经黑了。不知道是谁突然来了兴致到外面去看星星，天空中出现第一颗星，同学们都在猜：它到底是星星还是飞机？有人说是星星，有人说是飞机，在那么忙碌的时候，居然那么多人都停下来，把手搭在窗台上，盯着那颗星星看了很久很久。那天，天空是淡紫色的，楼道里，同学们可以看见彼此的脸，那颗星星大而闪耀。教室里面几个同学在用相机拍照，嘻嘻哈哈地把同学们的脸放大，这就是我印象里很温馨很温馨的时刻了。

在无数个感到学习枯燥的夜晚，被巨大的压力压得喘不过气来的时候，我是和同伴们一起度过的。他们让我再一次发掘到了学习的乐趣。有不会的题目互相讨论，在其中收获成就感。想要放弃时，想想同伴们还在不断努力。那个时候突然发现好像这么一直学下去也不错。

初中四年，真的是匆匆落了幕。但我想它留给我的成长与收获，是会一直伴随我的。

研学旅行活动中的学生领导力培养

×× 萱

在探寻文化之旅的过程中，令我收获最大的就是对于自身领导力的培养。

六年级第一次探寻名人故居活动中，董老师让我负责召集同学和家长，相当于做领队的工作。没有任何经验的我青涩且不知所措。经过多次询问老师自己需要做的事情后，活动前一天晚上我鼓起勇气在班级家长群中拟定了活动安排、集合地点及注意事项，申请了各位参加活动的家长的微信，并建立了第一个探寻文化之旅交流群。

前一天晚上召集同学，找到副领队和有号召力的同学，组建活动微信群，写活动安排和通知，早上第一个到地铁站清点人数，解决同学们活动中的困难，成了我每次探寻文化之旅活动的一部分。

最锻炼我的还是暑假两次大型的出上海的研学活动。董老师把和旅行社洽谈合作、商议价格的重任交给我。我依稀记得7月的上海，我和另外两名班干部坐了一个小时的公交车来到中国旅行社向他们的总经理表达想要合作的意愿。大到晚上住的宾馆、酒店的午餐晚餐，小到篝火晚会的气球装饰，走在队伍最后的责任是出钱买单，并统计每一次的经费，收齐班级总共几万元的活动费用，并做好活动最后的收尾工作，剩余的经费当作班费处理。

从第一次和旅行社洽谈，负责人对于还是初中生的我们投来惊讶且不信任的目光，到第二年暑假，我多次和负责人商议直到给出最合理、最实惠的价格，并得到了旅行社总经理的大力支持。我知道这些成长，都是大董老师抑或是我给予自己的最好的成长礼物。这些在课堂上很难学到的东西，被董老师在一次次探寻文化之旅的过程中，教会我们自己探寻和获得。我知道，它们会在我接下来的人生道路中，一直伴随我，让我走得更远。

（二）专家引领，用理论导向提升"大教育"的境界

牢记李家成教授在《中国班主任研究》一书中对于班主任的学术引领：中国班主任的中国个性和世界贡献，使教育充满着无限可能；班主任的专业成长，通过做、听、说、读、写进行能量转化；班主任工作的理论与实践研究贡献，通过"创生、积淀、传播、转化"实现。

班主任的工作是与大时代相联系着的，优秀的班主任有着对历史、文化的理解，有着对时代精神的体悟，有着对社会问题的敏感，有着对自然世界的敬畏，有着对人类存在的关怀。

附：

班级活动对于孩子成长的意义和作用

××颐爸爸

我们已经进入了新的伟大时代，这个时代对中国的青年提出了新的要求，带来了新的挑战。基础教育是培养未来中国青年的摇篮，具有奠基性和架构性作用，因此改革并重塑基础教育也就显得尤为重要。

董老师的一系列教学实践是基础教育改革的先行者。她积极打破原有的教育理念，教育不仅是知识和技能的传授，更是综合素养的培养和个性潜能的挖掘，是创造力和想象力的培养。

她的班级文化建设、寒暑假项目研究、研学旅行活动等教学活动为学生们在课堂学习之外开辟了一条自然教育、世界教育和审美教育的道路。不但拓宽了学生的视野，培养了他们与世界、自然和人的感性互动，而且使家庭、学生、学校三个主体维度形成良性的三位一体，根本目标是调动学生的积极性，为抽象枯燥的学习增添生命的脉动和美的发现，真正做到了以学生为主体，充分调动他们的积极性、主动性与创造性，培养了他们策划、设计、交流、实施的自主能力，在交往理性上有了深刻的提升。此外，充分运用了家庭的社会资源、文化资源和创意资源，改变了传统的家长是学校教育旁观者的观念，在一系列教学研活动中，家长们也在多方面得到了学习的机会和相互沟通的机会，为家校合作开辟了广阔的舞台。最后，通过与不同地区的老师和学生的交流、互动，为生活在大城市里的学生更多地了解与审视当代中国的具体国情提供了广阔的社会场景，也培养了他们反省的自我意识，让他们体察到当下的美好生活来之不易，培养了他们不但要温暖自己而且要温暖他人的爱的思想，使他们更加坚毅地面对未来学习与生活的不确定性及各种挑战。

（三）资源开发，用教育合力催发"活教育"的形成

班主任的工作是"活"的工作，面对的是"活"的生命体和充满灵动性的教育过程。优秀的班主任能活用资源，天地万物都可能是他的教育资源；能面对具体、丰富、成长中的生命体，不会墨守成规；能面对充满生成性的教育过程，会高度体现出教育的智慧。

附：

班级活动对于孩子成长的意义和作用

××逸爸爸

四年前孩子有幸成为七色花中队中的一员。从老师开学前家访后组建家长微信群，第二天班主任董老师在群里发《人人有岗位，我为人人，人人为我》，就感觉到这个群体不一般。我女儿看到自己担任的职务很开心，但也担心自己做不好，开学前做了好多准备。我想其他孩子也会有同样的情况。

每个孩子家庭环境各异，父母教育孩子的理念各不相同，父母对孩子的关注度也差异较大，造成孩子的学习成绩参差不齐。七色花中队不以成绩论英雄，人人是班级的主人，人人发挥自己的特长和优点，成绩仅代表过去，只要肯努力人人都可以成为好学生。这种教学理念给了好多有挫败感的孩子很大的信心，让他们有了被认可、被信任的感觉，我认为有了这种自信，提高成绩只是时间问题。

班主任董老师将这种教学理念贯穿始终。四年来每年寒暑假和国庆、"五一"假期都会组织孩子参加各种文化探究和研学旅行活动，让他们突破课堂教学，走进课本中去。孩子们先后去了鲁迅的故乡绍兴，实地考察过社戏，实地考察过三味书屋，品尝过茴香豆，品尝过绍兴黄酒；还去了天目山领略"天目七绝"，活动美篇呈现出每个孩子心目中的"天目七绝"；还去了浙江省武义县山下鲍村，体会传统宗族文化。我们学校地处南汇新城，家长来自全国各地，利用春节探亲之际，让每个孩子寻找自己家乡的年味，通过美篇作品呈现给大家，让我们家长也大开眼界。还根据每个学生的姓氏，让孩子们制作家谱，寻找自己的家风家训。还组织孩子参观上海博物馆，从馆藏中读懂古人，和古人对话；去武康路、淮海路、五原路寻访名人故居，了解上海的历史；和共康中学藏族班同学结对子，增进民族感情，互相赠送礼物。

这些研学旅行和文化探究活动，让孩子们摆脱了课本的束缚，提高了学习兴趣。每个人都争先恐后地把自己真实的体会和感受分享给大家，都能体会到被认可和点赞的喜悦，也潜移默化地提高了学习兴趣，不仅牢记了课本知识，还开阔了视野。活动效果和课堂教学效果比较可谓天壤之别。"人之初，性本善"，孩子们的初心都是纯真、善良的，受环境和教育影响，有些孩子痴迷游戏，有些孩子迷恋手机，有些孩子沉醉网络，家长和老师的做法多数是禁止、没收、杜绝。这种正面交锋，得到的很可能是两败俱伤。家长会慢慢变老，老师迟早有一天要离开，孩子的路总有一天要自己去走。我们要关心的不仅是目前的成绩，更要关心健康的心理，学习的方法和对文化、科学的探索精神。有了健康的心理和良好的学习方法，迟早会提高成绩。更何况学习的目的不只是成绩，成绩只是检验过去的学习成果，最终目的还是懂得做人做事的方法。班主任董老师对七色花中队的孩子们始终秉承这种教育理念，为孩子们今后的人生指明了一条光明大道。

五、研究过程中的不足与反思

学习型社会倡导人人皆学、时时能学、处处可学。李家成教授指出，要从人的生命全程视角认识寒暑假生活的独特价值，即回归到具体的人的存在，在个体生命史层面，探讨教育与人的生命的关系。

对于寒暑假生活意蕴的认识，要通过对教育本质的关注，在教育本源性功能——促进人的发展的意义上做判断。

反思这四年的"建班育人"经历，有一些不足之处需要改进。比如：

在家庭、学校、社会合作方面，还有很多时间、空间、资源、力量可以挖掘、开发；

在项目研究的过程中，要关注活动的前移后续，使主题活动教育性中的人的主体性体现得更充分；

在资源整合和利用方面，不仅要考虑物的因素，更要在科学性、人文性、实效性方面多做思考和提升；

在全员、全程、全方位的教育格局架构上，注重班级建设和项目活动的顶层设计、分步落实、创新生成、形成机制，使教育生态和教育效果落到实处。

第三章 暑期研学旅行

研学旅行教育性缺失的反思与改进实践

——以2017年暑期探寻绍兴文化之旅为例

生活即教育，社会即学校。研学旅行是学与行的有机结合，是最接近教育本源的学习方式。

2016年11月，教育部联合财政部、交通部等11个部门共同出台《关于推进中小学生研学旅行的意见》，首次确定研学旅行的内涵，即"中小学生研学旅行是由教育部门和学校有计划地组织安排，通过集体旅行、集中食宿等方式开展的研究性学习和旅行体验相结合的校外教育活动"。它是学校教育和校外教育衔接的创新形式，是教育教学的重要内容，是综合实践育人的有效途径。

研学旅行倡导让学生边行边学，在"读万卷书，行万里路"中，增强与他人、社会、自然的联系，让学生学会思考、学会学习、学会做事、学会协作，提高学生的学习能力、实践能力和创新能力，使学生形成良好的心理素质和健全人格。

纵观现实，却发现许多研学旅行活动往往由于各种原因出现学生"游而不学"的现象。

一、研学旅行"游而不学"现象反思

2017年2月24日，继班级文化与班级特色之家长智慧课堂——《东方大港》的微讲座后，时隔两个星期，笔者就组织学生开展了一次洋山深水港研学旅行活动。

因是外出活动，学生格外兴奋，但大家似乎并不关注活动本身，而更关心"零食可不可以吃""手机可不可以带"。在参观洋山深水港码头之前，场馆工作人员先播放了一段有关洋山深水港建设的宣传片，学生们在偌大的场馆内左顾右盼，静不下心来，个别学生看到洋山深水港模拟造型内侧有通道，便开始来回跑动，场面一度混乱。在洋山深水港码头的观景平台上，带队教师想召集大家留一张合影都无法顺利完成。笔者带这个班级近一年，在学校里，班风班纪良好，而此次特意设计组织的研学旅行却着实让人力不从心。

活动结束，笔者反思：组织此次研学旅行，究竟是为了什么？是为了让学生出去兜一圈、见见世面吗？整合家长资源、社会资源，只是为了让学生的参观考察更便捷、更顺利吗？活动之后，还能留下些什么？

研学旅行不是简单的旅行，而是一种教育活动。如果说这是一次"演练失败"的研学旅行，其主要原因就在于教育性缺失。

进一步深究可以看到，教育性缺失主要表现在以下三个方面。

1. 对研学旅行的理解不当

教师方面，以往的社会实践活动一般是由学校策划组织，班主任带队参与。此次研学旅行是以班级为单位，由班主任、任课老师策划组织活动。一方面，班主任、任课老师缺乏研学旅行活动策划组织的经验；另一方面，对研学旅行的目的和方法策略思考不够，导致状况连连。

学生方面，同样缺乏对研学旅行的正确理解，误以为研学旅行就是走出校门，即可完全自由、放松，与学习无关。因此，学生只觉得好玩、开心，而不是将关注点放在研学旅行活动中自己的所见所闻、所思所感上。

2. 对研学旅行的设计缺失

研学旅行以旅行为载体，以研学为主旨。需要策划组织者具备设计思维，从活动目标、活动内容、活动实施、活动评价等方面进行整体设计。每一个环节都不可缺失。否则就容易出现活动目标不明确、主题选择不清晰、活动内容与学生兴趣能力不匹配、运行形式不规范等问题。

比如，由于此前没有与场馆工作人员进行深入沟通，共同参与设计活动内容，而负责接待的场馆工作人员又不太了解学生的兴趣与认知水平，所播放视频的专业性较强，离学生的生活认知比较遥远，而没有安排趣味性的知识问答或适合学生观摩的情境展示，难以激发学生的学习兴趣，学生的学习主动性、积极性不高，"游而不学""学而不研"，活动流于形式。

3. 对研学旅行的实施管理不足

在研学活动开展之前，一方面，没有划分小组、确定组长、明确学习任务，学生没有带着问题、带着思考进入场馆，只能漫无目的地四处游走；另一方面，没有对学生进行必要的行为规范教育及明确研学旅行的具体要求，如文明礼仪、路队要求、参观秩序、注意事项等，导致学生由"圈养"变成"散养"的状态，难得在上学期间外出活动，他们的激动兴奋超过了研学旅行中的体验收获。

活动过程中，在学生提出能否吃零食和能否带手机的时候，教师没有敏锐地觉察到学生对研学旅行的认知偏差，及时做出积极正确的引导。学生在没有形成研学旅行的学习经验和已经形成的在校学习规则之间形成鲜明反差，在不具备较高综合素养和社会适应能力的情况下，研学旅行的活动效果不尽如人意，甚至有违初衷。

二、增强研学旅行教育性的实践探索

为了避免再次出现此前的状况，在前期学生访谈、问卷调查的基础上，2017年暑假，笔者又策划了一次探寻绍兴文化之旅的研学旅行。

从教育价值引领、教育主体参与、教育内容设计、教育形式及教育评价等方面，增强研学旅行的教育性。

（一）目标定位适切，实现价值引领

在绍兴开展此次研学旅行，是经过慎重考虑的。

绍兴是中国著名的江南水乡、书法之乡，也是教育家蔡元培、文学家鲁迅、民主革命志士秋瑾的故乡，开国总理周恩来的祖籍地，被称为"名士之乡"。绍兴人物荟萃、文化荟萃，众多名家、文化史迹、人文景观集中于该地。把绍兴历史文化名城作为探寻文化之旅的实践体验点，可以利用历史名城特有的自然资源和人文资源，让学生在脚步行走、思维碰撞、团队合作探究中，真切感受到文化的魅力与博大精深。学生通过"行中学""做中学"，积淀文化知识，提高人文素养。

（二）策划民主，促成多方合作

活动策划开始，笔者便对学生及学生家长做了一次问卷调查。

关于"今年暑假，如果我们班有自主参与的绍兴文化主题游活动，你愿意参加吗？为什么"问题的反馈，19个提交问卷的学生中，有17个表示愿意。理由各不相同，有"喜欢参加班级活动""希望增长知识""喜欢古镇古韵""想要了解绍兴的历史文化""可以玩中学、学中乐""和同学一起参加活动一定很好玩、很有趣"等。从中可看出，策划研学旅行是合乎学生心意的。

关于"采访你的爸爸妈妈，请他们写下对此次暑假生活的宝贵意见和建议"这一开放性问题，许多学生家长纷纷表示赞同，一些家长还提出了非常好的活动建议。比如：

杨同学妈妈写道："班级自主组织学生探寻绍兴文化之旅，让孩子参加暑假社会实践，不但能培养自主生活能力、团队合作精神，还能开辟第二课堂，非常感谢在暑假活动中老师们的辛勤付出……"

曾同学妈妈写道："活动注意安全，提醒学生们遵守纪律。可以预先介绍活动地的历史背景，让学生了解相关的文史知识，活动结束后提交活动感想，并做相应的交流等。"

研学旅行活动受到学生的欢迎，得到家长的配合和学校的支持。全班共21人，有15个孩子参加，6位家长作为志愿者陪同，2位老师共同参与。

进入活动准备阶段，笔者又向学生抛出"我们为什么要去研学旅行""我们去哪里研学旅行""研学旅行中我能做些什么"等问题，征求大家的意见。

通过"我们的研学旅行有创意吗""怎样的合作探究才能让每个学生各尽所能"等问题的激发，为学生提供多种讨论视角。

大家集思广益，学生、教师、家长共同策划出探寻绍兴文化之旅的研学旅行活动方案，并设计出详细的活动内容及完整要求。具体如下：

（1）结合网络资源，对绍兴历史文化名城做一些人文典故、景点介绍方面的资料准备，出发前人手一本，由学生分工合作完成的探寻绍兴文化之旅景点导览。

（2）通过作品或资料介绍，对鲁迅、周恩来、蔡元培、秋瑾、陆游、王羲之等文化名人，做多角度、全方位的了解，以切身感受深刻领悟历史文化名城的文化底蕴。

（3）绘制一张探寻绍兴文化之旅的路线图，把两天的行程画在A4纸或笔记本上，然后按图索骥，找到不同地点的人文景观，并在相应位置记录景点介绍或见闻感受。

（4）用诗歌创作、游记散文、绘画书法、摄影摄像等形式，记录活动过程中的所见所闻，抒写实践体验中的真情实感。

（5）下载美篇App，做成图文并茂的探寻绍兴文化之旅实践活动的精彩回顾。

活动前，学生便各自认领任务，提前准备相关景点的图文资料，手绘路线图，制作人手一册的景点导览。这样的提前准备、分工合作、资源共享，是研学旅行有序推进的基础与保障。

（三）内容丰富，满足学生多元需求

本次研学旅行活动形式包含知识学习、实践操作、感受体验等，内容更是丰富多元。学生通过景点介绍、观察记录、访问访谈、问卷调查等方式，广泛收集信息，并通过文字、摄影、摄像、采访等形式记录研学过程。

在鲁迅故里，学生循着《从百草园到三味书屋》的课文内容寻找刻在书桌上的"早"字、百草园里的何首乌等；寻访沈园，了解《钗头凤》背后的感人故事，感怀这座爱情名园；在兰亭学习书法，体验《兰亭集序》的笔墨酣畅；瞻仰周恩来祖居，感受周总理鞠躬尽瘁、死而后已的爱国情怀；来到中国黄酒博物馆，了解黄酒的制作过程，学习中国的酒文化，品味黄酒的芳香。

（四）注重互动合作，助力学生社会成长

研学旅行需要社会多方力量的参与。在本次研学旅行中，几位家长志愿者非常有责任心，他们全程参与其中，并帮助带队老师处理学生生活上的相关事宜。

1. 行之前：商量讨论交通出行方式

在活动策划时，建议三种出行方式，并广泛征询家长和学生的意见：家庭用车，组成车队前往；预订车票，乘坐动车前往；联系旅行社，委托第三方组织。

经家长和学生反复商量讨论，综合考量各种出行方式的利弊，最后确定由经常组织单位职工活动的家长志愿者和旅行社沟通，给每位参与活动的学生、家长和教师购买旅游意外保险。

2. 行之中：互助合作履行岗位职责

由于部分学生没带户口本，在住宿登记时遇到麻烦，由两位家长志愿者

陪同他们前往当地派出所登记，教师负责办理其他学生的入住手续。

同行者中有一个三口之家，另有四个母亲带着孩子。孩子们都强烈要求和自己的母亲分开住。经过讨论协商，最后满足孩子们一起住宿的心愿。

离开父母亲的庇护，孩子们更独立自主。他们难得离开父母，在外和同学一起过夜，心中的激动和兴奋不言而喻。怕他们因为过度兴奋而影响睡眠质量，晚上由两位家长志愿者值夜，给学生以"宝贝，今晚早点睡觉，明天才能快乐旅行"的温馨提示。有学生想家了，同房间的室友对其进行安慰。有学生不小心把电视遥控器摔坏了，家长志愿者和酒店总台积极协商，为了培养学生的责任意识，老师要求她按原价赔偿。

负责AA制财务管理的学生，在活动小项目结束后及时收费，并能准确无误地交给临时垫付的家长或老师。在鲁迅故里门口，因我们的车突然靠边停，造成和行人之间的意外碰擦，引起驾驶员和当地人的激烈争吵，车上的学生见此情景，表示要学会控制情绪，以防止意外事故发生。

3. 行之后：共同参与活动体验问答

笔者组织学生和家长对本次活动进行了回顾与思考，为了让回顾更有针对性，而不是流于形式，特别设计了以下三个问题：

（1）学生研学旅行中的教育性体现在哪里？

（2）如何实现综合融通？

（3）如何促成真正的生命成长？

经由梳理与反思，学生、家长、教师对本次活动及研学旅行的理解又加深了一层。

其中，刘同学和他的父母一起回顾本次活动时，对"三问"进行思考后做出了这样的回答：

（1）从培养学生对传统文化的了解着手，到学生自发地收集有关传统文化的学习资料，并沉浸其中，最后热爱我们的传统文化。

（2）通过此次探寻文化之旅活动，学生了解了为何读书，自己长大后能成为怎样的人。学生不仅要学习书本上的知识，还需要把持自身正确的道德观和价值观，懂得明辨是非，实现真善美的价值追求。

（3）用传统文化影响学生的行为，提高了他们的自控力，提高了他们的心理承受能力，提高了他们的语言表达和沟通能力，提高了他们的团队意识，更重要的是提高了他们自身的文化素养，使他们树立远大目标，并为实现目标而努力。

（五）评价全程多维，实现综合融通

充分发挥评价的导向和激励作用，进行自我评价和学生互评，促使学生学会自我约束和自我提高。

教师则主要通过活动感受交流、活动成果展示等方式，对学生的参与度与学习效果进行实时评价。

活动结束后，通过活动评价单（见表1-3-1），让每位学生、家长志愿者和教师都从活动组织、活动参与、活动效果三个方面对活动满意度予以评定，具体分为很满意、满意、一般、不满意四个等级。另外，还要在"活动收获"和"不足之处"写下自己的建议。一方面检验活动成效，另一方面也为后续活动开展积累经验。

表1-3-1 绍兴历史文化名城研学旅行活动评价单

（评价者身份：学生/家长志愿者/教师）

活动时间				
活动地点				
活动内容				
活动体验				
活动满意度	很满意	满意	一般	不满意
活动组织				
活动参与				
活动效果				
活动收获				
不足之处				

三、总结与建议

虽然笔者组织学生开展研学旅行的时间不长，但在实践中也积累了一些经验。

研学旅行不是简单的游玩，无论什么时候都不能忘记它的教育性。要让学生学得扎实、玩得尽兴，教师在策划实施过程中，有以下几个方面值得注意。

1. 主题要明确

研学旅行不同于一般的参观旅游，有着明确的行动目的和具体的学习要

求。活动组织者不仅要有创新的教育思维、灵活的掌控能力，还要有深厚的教育教学素养，同时还应关注文化浸润、安全教育、生活能力等方面的问题。

2. 内容要有新意

需根据学生的年龄特点和身心发展规律，设计集趣味性、合作性、创新性于一体的活动，才能激发学生的参与兴趣，让学生在做中学、乐中学。

3. 挖掘整合多方资源

对于研学旅行的组织者来说，要着重探索如何在有限的时空挖掘更多的活动资源，融通研学旅行和课堂教学，将家庭、学校、社会、网络资源有机整合，形成课内外并进、校内外联动、线上线下互动的全员、全程、全方位的育人格局。

4. 树立安全教育意识

对于研学旅行来说，确保参与者的人身安全是重中之重。活动策划者、组织者应教会学生一些自我保护的措施，在交通安全、食品卫生、治安事件等方面规避风险，能冷静镇定地面对突发事件等。行前有备案、活动有方案、应急有预案，既是研学旅行的安全保障，又是提升学生应急反应能力的方法措施，还是提高研学旅行质量的根本保证。

创建班级特色文化，实现群体个体发展

——七色花中队探寻文化之旅实例研究

　　班级文化是学校文化的有机组成部分，学校文化的形成依赖于班级文化的建设。创建富有特色的班级文化既是班级管理的重点，也是班集体建设的突破口。人们通常将班级文化分为精神文化、行为文化和视觉文化三个方面。

　　班级行为文化是指班级根据其发展目标和治班理念，经过统筹策划和精心设计，从而形成一种整体协调、目标一致的活动序列和规范体系。班级行为文化的动态表现形式是一系列的校内外活动，静态表现形式是一整套的制度规范。各类主题活动和仪式教育是培养班级精神文化的重要途径。让学生在活动中感受，在仪式中体验，比空洞的说教更有说服力。

　　下面以临港实验中学七（1）班的班级特色活动——"探寻文化之旅，感受古城气韵"为例，说说班级文化对于班集体建设以及群体、个体发展的重要意义。

一、活动背景

1. 课题研究推进

　　2017年，我们申请到了市级德育实践课题"且行且思——初中生探寻文化之旅的实践与反思"，在活动设计和实施的过程中，更多地考虑学生的"行中学、做中学"。

2. 前期活动准备

　　2017年4月29日，我们在淮海路、武康路、五原路进行了探寻宋庆龄、巴金、张乐平等名人故居活动，取得了良好的效果。寒假时，每个学生都研读了《鲁迅小说集》，并制作成PPT，开学后举行了读书分享会。此次活动前，要求学生利用网络资源、文本资料等，多角度、全方位地查阅绍兴历史文化名城的相关资料。

3. 社会资源利用

绍兴历史人物荟萃，众多名家生于斯或居于斯。绍兴文化荟萃，许多文化史迹、人文景观集中在这里。到了绍兴，三味书屋和百草园是必游之地；东湖洞桥相映，水碧于天，乌篷船更是一大特色；兰亭因王羲之的《兰亭集序》而被称为书法圣地；沈园因为陆游、唐琬的爱情悲剧使人嗟叹不已。中国黄酒博物馆、咸亨酒店、会稽山等，都是学生们心驰神往之地。

4. 实践促进真知

了解绍兴历史文化名城背后的故事，在且行且思中激发对优秀历史文化的热爱，对特定历史时期人文精神的关注，自觉担负起文化传承的责任和使命。在脚步的丈量、思维的碰撞、团队的合作与探究中，真切感受传统文化的博大精深。丰富人生阅历，以行促思，以访促究，结合网络资源、社会资源，对不同历史时期的人文精神进行自我认知、自我解读和自我诠释，以期提升人文素养。

二、活动内容

（1）结合网络资源，对绍兴历史文化名城做一些人文典故、景点介绍方面的功课，出发前人手一份探寻绍兴文化之旅景点导览。

（2）通过作品或资料，针对绍兴的自然景观和人文景观做全面而深入的了解，以期切身感受、深刻领悟历史文化名城的文化底蕴。

（3）用文学创作、抒写感受、美篇制作等方式，记录研学中的所见所闻，表达活动后的真切感受。

三、活动过程

1. 探寻文化之旅任务认领

活动前：准备图文资料，人手一份，共15份。

活动中：做该项目的讲解员，时间10分钟左右。

活动后：做成美篇，展现出本次活动的真切体验和内心感受。

2. 绘制一张探寻文化之旅行程路线图

在A4纸上，根据我们的景点安排，亲手绘制一份景点导览图。除画出具体路线外，还要标注出各景点的位置。

3. 开展探寻文化之旅活动

行程安排依次是：鲁迅故里、中国黄酒博物馆、周恩来祖居、仓桥直街、兰亭、大禹陵、东湖等。

四、活动感言

××珏同学：7月8日，老师带领我们又一次踏上了探寻文化之旅。这次文化之旅的地点在绍兴，活动中我获益匪浅。弃医从文的鲁迅，其故里可见一间间大大小小的屋子，朴素而又充实，"横眉冷对千夫指，俯首甘为孺子牛"的精神，更令我难以忘怀；开国总理周恩来，工作时间长却又不失效率，难怪深受百姓的爱戴，至今仍是我们学习的榜样；大禹石像的威武，令人肃然起敬，伟岸的身姿耸立于天地之间，我们用崇拜的目光瞻仰他。名人、伟人们为国家建设无私奉献，他们的精神值得我们学习。

××舟同学：绍兴自古以来被誉为"鱼米之乡"，是名人聚集的古城，同时也是我们此次探寻文化之旅的目的地。在老师和家长志愿者的带领下，我们顺利来到了绍兴。和蔼可亲、为民着想的周总理，弃医从文、用手中的笔唤醒国人良知的鲁迅先生，青砖黛瓦、古色古香的仓桥直街，庄严肃穆、令人叹为观止的大禹陵等，我们都一一参观了解。短短两天的旅行，让我们感受到了绍兴历史文化名城深厚的文化内涵。期待下一次文化之旅！

五、活动反思

1. 班级文化的实践创新，实现群体、个体的共同成长

（1）组织协调，实现师生共同成长。从5月20日对学生进行问卷调查开始，一直在学习借鉴、思考改进、实践体验、反思提升的过程中。因为有了"你好，暑假"项目，再结合市德育实践课题活动，这次远程游学才成为现实，让"行中学、做中学"成为学生、教师和家长共同成长的有效途径。

（2）配合协助，实现家校合作共育。通过一年的接触和磨合，家长们非常支持我们的班级活动。他们有开放的思想和长远的目光，无论是家长智慧课堂、家校资源整合还是家长志愿者服务，每次活动都有呼必应、群策群力。这次活动，家长志愿者更是主动参与，发挥优势，形成合力。

（3）体验感受，实现学生生命成长。以往暑假，很多孩子除了补课、学习才艺外，基本是足不出户的。他们体会到的可能是孤独、寂寞、无聊，有时会用看电视、玩游戏打发时间。自从打破了小家庭和大社会的壁垒后，他们知道暑假的时间可以完成作业，可以外出旅行参观，可以进行职业体验，可以做许多有趣、好玩、有意义的事。这样的暑假生活，无疑是既生动又有价值的。

2. 以人为本的活动体验，促进每个生命的和谐发展

（1）尊重个体的生命成长。A同学从刚入学时的执拗到现在的融入，实现了"一年一个样"的巨大飞跃。这次探寻绍兴文化之旅活动，他很积极地参与，但是说到任务认领，他便不乐意了。后来，在他妈妈的坚持和陪伴下，他终于参加了这次活动。整个活动的过程中，他始终保持一颗好奇心，一直在问这样或那样的问题。回来后，他及时上交了探寻文化之旅活动感受。他的活动感言具体真切，获得了家长们很多点赞。他妈妈回应说："谢谢老师和家长们的鼓励，A同学昨天晚上从构思到成稿用了两个小时，虽然文章稚嫩，但是全过程都非常认真、专注。打心眼里感谢老师组织这么好的活动，启发了孩子的心智，触动了孩子学习的激情。"因为每一个孩子都各有特点，所以需要我们巧用智慧，善待每一个孩子的个性成长。

（2）等待迟来的生命花期。B同学开学后情况比较糟糕，作业拖拉且质量较差，学习落后且脾气火爆，动手打人且不计后果，等等。这次活动给了他锻炼、成长的机会。离开了父母的庇护，活动过程中他没有吵闹喧哗，而是学会了观察，与同学之间友好相处，所以老师给他"温顺友善"的评价。虽然平时他作业拖拖拉拉，但是这回老师说，不按时完成任务的学生下次活动谢绝参加，他居然能在规定时间内完成所有任务，活动感言真实性强，很"接地气"。先做人，再做学问。相信B同学在四年的初中生涯中，一定会有根本的改变。花不开，并不代表花期已过，在等待花开的过程中，教师一定要有足够的耐心、信心和恒心。

（3）走进心灵的生命预期。在老师第一次上门家访的时候，C同学家长特别指出，位置最好坐前排，因为以前一直受"上课开小差，成绩上不去"的困扰。六年级开始的时候，他说初中老师都很好、很有耐心。后来，他一而再、再而三地不认真做眼保健操，导致班级经常被扣分，他和班级同学的距离越来越远，最后成了"边缘人"。他很想跟同学们合住一个房间，却又不善于表达，想和同学一起乘乌篷船游东湖，却又没抓住"三人组合"的机会，再加上妈妈（家长志愿者）对他的表现不甚满意，整个过程中，他一直闷闷不乐。老师抓住东湖乘船的机会，和他们母子俩泛舟谈心。老师告诉他，机会要靠自己把握，并借刚才"三人组合，惨遭淘汰"的场景告诉他，有时候机会稍纵即逝，要学会表达，学会说出自己内心的诉求，尽管不一定如愿，但至少你努力过、争取过。每个孩子都是一张白纸，只有走进他的内心，才能帮助他实现生命的预期。

（4）面对问题的生命导航。D同学是一个外表独立张扬、内心敏感脆弱的孩子。这次活动要求学生自主报名，家长全力支持。别的孩子都出于自愿，由家长在微信群中支持并报名，就她自己独立报名，还说是家长让她报的。第二天早上退房的时候，发现她房间的一个电视遥控器坏了。家长志愿者在酒店前台进行交涉，老师上车提醒孩子们，做错了事要学会承担，该赔多少就赔多少，当事人要做好心理准备。回到前台要了发票，D同学跟老师说，可以向她妈妈索要赔款，老师一开始并没有反对她的意见，但是建议这件事最好由她自己来承担，所以，她把钱交上来了。之后，老师告诉每一个孩子，我们要从中吸取教训，学会承担责任，并以此为戒。在错误面前，假如我们不帮助孩子明辨是非的话，孩子永远不会"吃一堑，长一智"，学会"我做错，我负责"。

3. 文化育人的评价反思，促进活动价值的丰富多元

（1）资料准备，提高文化认知。活动前，老师组织每位学生认领了任务，对景点进行图文资料方面的准备，并手绘一张路线图，由E同学设计封面，F同学设计封底，这样精心准备的人手一份的景点导览，在旅行出发前就成了此行的文化序曲。提前准备、分工合作、资源共享，为这次活动的圆满成功奠定了基础。有学生在为景点做介绍的时候，就用到了这份宝贵的资料。由于时间关系，有些来不及前往的景点，我们也可以通过手头的图文资料加以了解。

（2）景点解说，提升文化积淀。以前组织过几次社会实践活动，如参观洋山深水港。看宣传片时，学生缺乏耐心，甚至四处乱跑。放假前，学校组织学生参观上海海事大学、上海建桥学院，在参观雷锋纪念馆的时候，学生急于完成学校下发的学习任务单，而没有仔细聆听场馆解说员的专业讲解。

由于每次活动之后我们都有反思改进的习惯，所以这次探寻文化之旅活动，他们仔细聆听同学的景点介绍和讲解员的专业解说，也许是学会了换位思考，这次绝大多数学生认真参观、仔细聆听，让实践活动有了文化积淀。

（3）交往合作，学会友好谦让。在室友搭档、坐船组合、"家族聚餐"等方面，学生之间学会了沟通，在满足自己愿望的同时，也考虑并尊重他人的想法和意见，促进了人际交往能力的提升。特别值得一提的是，"家族聚餐"时，大家都想吃小笼包，可是数量不够，G同学主动退让，满足了其他同学的愿望。回来后，"三问调查作业"交得晚了，G同学主动留言，对老师说抱歉。谦让、尊重、友善等文明素养在悄然形成，这在以前似乎不太可能发生。

（4）参与管理，勇于承担责任。H同学在这次活动中主动承担了"上车点名"和"集中收费"的任务。一次收费是"家族聚餐"人均25元，一次收费是景点讲解每人10元，一次收费是东湖乘船人均30元，她都办事神速、效率极高，圆满地完成任务。这次活动有序快捷，参与者满意度高，跟她的领导力不无关系。"成长有时是一瞬间的事"，相信这次活动之后，H同学面对困难时会更加自信、坚定。

（5）师生游学，促进关系融洽。"亲其师，信其道。"在学校里，老师扮演的是"师道尊严"的角色，学生普遍比较敬畏。这次外出活动，由于前期做了大量的准备，包括出门前家长的千叮咛万嘱咐，再加上家长志愿者职责明确、分工合作，因此，老师大可不必像在学校里那样严肃待人，可以和学生一起倾听解说员的专业讲解，一起思考问题或意外发现，一起聊天并分享美食。以往师生间的距离感没了，学生也乐于和老师亲近，问老师这个或那个问题，有的问题不一定能得到满意的回答，但是他们却沉浸其中而乐此不疲。此时真有一种孔子带领学生四处游学的奇妙感受，快乐、轻松又不乏收获。

（6）多维评价，促使内涵提升。这次活动采取全员、全程、全方位的评价方式，活动设计了教师评价、学生评价和家长志愿者评价，从活动组织、活动参与、活动效果三个方面了解活动满意度，还从活动收获和存在不足方面具体了解本次活动中值得改进的地方。活动评价既是对这次活动的成效检验，又是对以后活动的反思改进。

总之，探寻绍兴文化之旅活动，让学生对绍兴的古城文化有了进一步的感知，激发了学生对中华文化的认同与热爱，从伟人、名人的成长环境、责任使命、人文精神等方面进行探究，对城市文化和爱国情怀等方面予以关注，从发现自我、超越自我、实现自我中自觉肩负起"为中华之崛起而读书"的神圣使命，拥有"横眉冷对千夫指，俯首甘为孺子牛"的责任担当，在实践与反思中实现群体、个体的共同成长。

研学旅行自动化，幸福成长进行时

——以君子文化的实践与探索为例

在寒暑假中，很多学生依然较多投入知识的复习巩固，且有大量的辅导班。基于这一国情，华东师范大学李家成教授发起的"你好，寒假！"和"你好，暑假"项目研究，突出寒暑假所应有的丰富的生活，继续以创造性的转化，实现学生对学业知识的综合运用、学习兴趣的激发、学习团队的建设，从而为学生学习提供新的支持体系。高度关注学生、教师、家长、社区的合作，从而不仅关注相关主题的价值，而且直接将这个过程视为学生发展的实现机制和具体表达。

上海市临港实验中学七色花中队在2017年暑期组织探寻绍兴文化之旅研学旅行活动的基础上，2018年暑期开展君子文化的实践与探索研学旅行活动。通过学生自主策划、组织、实施、评价本次活动，从领导力、学科融通、社会交往三个方面挖掘学生潜能，激发学生学习热情，改善学生社交能力，以提高学生综合素养，促进学生幸福成长。

一、活动策划自主化，学生领导能力得到提升

七色花中队的兰之韵小组负责西天目山探寻活动方案设计。兰之韵小组的组员陈同学主动请缨，先召集组员商量讨论，确定初稿；再听取老师意见，进行修改；最后听取组员意见，确定最终的活动方案。以下是方案设计过程。

生：董老师，这是我们组起草的方案，您看看有什么可以改进的地方吗？总觉得好像缺点什么。

师：缺了采访当地人的内容。分组比赛找"七绝"的创意很好，以和

"七绝"留影的照片为准。

生：好的，好的，我马上加上。谢谢老师！老师，我们把入口处定为起点，山顶定为终点，然后一起下山，可以吗？

师：可以。

生：老师，这是修改好的方案。

师：很好，打印21份可以吗？

生：好的，好的，老师和家长志愿者的不用打印吗？

师：家长志愿者可以和孩子一起分享，老师的活动方案要作为资料保存的。

生：老师，能不能帮我们修改一下活动目的，您说得更好一点。还有，能不能用班费来买一些小奖品？

师：好的，奖品的创意很好。先买奖品，班费后补上。

通过此次活动来培养大家的团队合作精神、开拓进取精神、见微知著精神，通过学科整合，达到学习和生活相连接、活动和比赛相联系、感官与颖悟相对应，且内化于心、外化于行的目的。

附：

探寻西天目山活动方案

活动主题：

君子文化的实践与探索之探寻西天目山活动

活动时间：

2018年7月21日

活动地点：

西天目山景区

活动对象：

参与此活动的老师、家长及学生

活动目的：

通过实地探寻西天目山风景区来更真切地体验"天目七绝"。

通过此次活动来培养大家的团队合作精神、开拓进取精神、见微知著精神，通过学科整合，达到学习和生活相连接、活动和比赛相联系、感官与颖悟相对应，且内化于心、外化于行的目的。

期待效果：

安全、愉快地参与这次活动。能将"天目七绝"都体验到。

活动内容：

如果说黄山"奇松怪石传四海"、庐山"匡庐奇秀甲天下"，那么，西天目山则是"大树华盖闻九州"，因而享有"天然植物园"和"大树王国"之称。

西天目山有四溪、五潭、六洞、七涧、八台、九池、十二岩、二十七石、二十八峰，自古以来就是宗教名山和旅游胜地。

七色花中队的菊之魂小组负责篝火晚会活动方案设计。菊之魂小组的组长祝同学主动召集组员一起商量讨论，确定初稿；再听取家长的意见，进行修改；最后听取组员意见，确定最终的活动方案。活动准备包括：篝火晚会节目单、篝火晚会主持稿、篝火晚会小道具、篝火晚会小奖品等。

陈同学和祝同学在这次活动中表现出的责任意识、合作精神、实践创新、借助外力、执行力强等方面的素养和能力，是学生领导力锻炼和提高的具体体现。

二、活动组织自主化，社会交往能力得到锻炼

1. 调查问卷汇总，进行活动设计

2018年6月20日，进行"我的暑假我做主"的调查问卷设计。

2018年6月21日，进行相关的问卷调查。

2018年6月25日，进行问卷调查的情况汇总。

"我的暑假我做主"的问卷调查参与率100%。学生与家长的创意和建议都很有价值，看得出在家校合作之共同参与策划组织活动方面，大家都绞尽脑汁、出谋划策。我们的暑假生活会因为每个人的积极参与、共同体验而变得不一样，人人都有文化内涵和素养能力等方面的提升。

2018年7月3日，进行活动方案设计。

附：

君子文化的实践与探索活动方案设计

通过"我的暑假我做主"的问卷调查分析，结合学期末的班级意见征询，初步拟订如下活动方案，希望广泛听取孩子和家长们的意见，预祝我们

期盼已久的君子文化的实践与探索活动如期、顺利进行并圆满成功！

活动时间：

2018年7月21—22日

活动地点：

浙江省杭州市临安区西天目山、浙江省湖州市安吉县竹博园

活动主题：

君子文化的实践与探索

活动内容：

（1）西天目山"七绝"探访（多学科整合）。

（2）篝火联欢晚会（自编、自导、自演节目）。

（3）寻访安吉竹博园（探寻竹文化的前世今生）。

活动报名：

以学生自主报名、家长全力支持为原则。

活动创意：

（1）学生自主联系旅行社，洽谈参与人员、行程安排、车辆住宿保险及旅行费用等相关事宜。

（2）学生自主组织、设计、安排活动具体内容，落实安全措施，主要培养与锻炼社会交往、学科整合和学生领导力三个方面的能力。

（3）通过寻访"天目七绝"，采访当地人对于地域文化的理解和认识，参与竹文化体验活动等，深入了解君子文化中的竹文化，提升实践体验中的行为文化等。

（4）家长志愿者和教师志愿者以配合辅助的方式、鼎力支持的态度，为活动的顺利圆满成功保驾护航。

2. 和旅行社洽谈，活动有序推进

2018年7月4日，进行意见征询。

目前有16人报名，加上家长志愿者和教师志愿者，总人数22。

哪位学生或哪一组学生去尝试和旅行社做进一步沟通（上次3位班长去中国旅行社商谈的结果是车辆、住宿、保险、门票，人均700元）？与人沟通商谈，一方面能提高并改善学生的社会交往能力；另一方面安排行程、计算成本、节约开支、安全保障等，可以提高学生智商、情商、财商等个人素养。

2018年7月5日，进行活动推进。

方案一：学生尝试着进行商谈，目前参与活动的人数增至26人。商谈内容包括食宿、车辆、保险、门票等，人均费用是多少。（据说天目和安吉团餐比较方便、实惠，景区用餐普遍较贵）

方案二：教师志愿者联系旅行社，洽谈相关事宜。

方案三：家长志愿者联系旅行社，为研学旅行活动的顺利开展尽心尽力。

2018年7月6日，家长反馈洽谈信息。

家长志愿者：由旅行社安排活动行程和具体报价。其报价比2017年多出不少费用，主要原因是：①路比2017年远很多；②这次活动有餐费；③门票比2017年多。大家如果有更好的资源，欢迎一起参与策划，谢谢！

学生家长：我看了此次研学旅行活动计划，这样安排既节省时间，又方便出行，挺好的。

2018年7月7日，进行活动推进。

辛苦艾同学、王同学和他们的爸爸妈妈，让我们有了一个明确的行程安排和价格清单，群里还有别的孩子或家长有商谈结果吗？

家长志愿者招募开始了，有时间陪护孩子们研学旅行、为孩子们的安全出行保驾护航的家长，进行自主报名。

3. 活动任务认领，分工合作高效

贯穿研学旅行活动的主线：

梅之香小组：王同学等，负责活动收费、活动点名、资料收集、后勤保障等。

兰之韵小组：艾同学等，负责组织"天目七绝"探寻活动（要有具体的活动方案或活动任务单等）。

竹之气小组：闵同学等，负责组织竹文化的实践与探索活动（要有具体的活动方案或活动任务单等）。

菊之魂小组：祝同学等，负责篝火晚会的活动策划与安排（要有活动主题、活动主持、演出节目单等）。建议20个孩子每人准备一个节目或以小组表演的形式精彩呈现。

期待我们的君子文化的实践与探索活动有创新、有突破、有成效、有收获。

2018年7月13日，和旅行社签订合同。

王同学和艾同学与旅行社签订合同，家长志愿者全程陪同。

4. 台风"安比"登陆，活动因故延期

2018年7月20日，共同商议台风"安比"的事。

各位家长和孩子们，跟你们商量讨论一件事：台风"安比"即将登陆并影响本地，到时可能会有暴风雨天气，大家一起商量决定这次活动还要不要如期进行。

陈同学妈妈：不知道方便改期吗？可以的话，我觉得还是改天再进行吧。

范同学妈妈：最好还是延期，为了安全考虑，安全第一。

艾同学妈妈：建议同学们查一下台风经过哪些地方，让同学们决定。

周同学妈妈：不怕一万，就怕万一。相信在董老师的带领下我们还是有机会的。

闵同学爸爸：如果晚上取消可以的话，应该在今晚做决定。台风走向常有改变。

董老师：艾妈妈的建议很好，孩子们趁这个机会了解一下台风，从科学的角度确定我们是进行还是取消本次活动。

王同学：同学都说已经准备好了，东西全都收拾好了，而且以后就没有时间了。

祝同学妈妈：同学们急切的心情可以理解，但是是否出行还是要看具体情况。……如果不可行，建议延期，因为景区也有可能出于安全考虑关闭。……目前景区没有变化信息，孩子们可以注意关注台风走向。

家校共同商议活动延期的事。

董老师：大家说延期可以吗？

邢同学妈妈：安全第一，可以考虑延期。

王同学：但是改时间会有很多同学去不了。

董老师：如果延期的话，我们再商议一个大家都有空的时间一起去，因为安全是头等大事！前期我们的准备都是成长中的经历，我们的临时决定也会是最明智的选择。

5. 再次自主报名，活动延期举行

孩子们参加研学旅行活动的热情没有被台风"安比"吹散，能在7月28日、29日两天参加活动的同学请以接龙的方式自主报名。

（20日14：32—21日21：54）26人全部报满。

2018年7月22日，研学旅行延期至28、29两天。

我们的凝聚力、团队精神由此可见！

2018年7月24日，和旅行社再签合同。

谢谢艾同学、王同学和他们的爸爸妈妈！

一次活动考验的是凝聚力、团队精神。期待这次活动圆满成功！

三、活动实施自主化，创新实践能力得到发展

1. 收费、购票、结账——提升财经素养

2018年7月8日，进行活动经费的收取。请各位参加活动的学生和家长志愿者把活动经费通过微信转账或现金支付的方式交给王同学，谢谢配合！

2018年7月8—13日，收齐活动经费和身份证信息。交通费、旅游保险费、住宿费等交付旅行社。

2018年7月20日，因天气原因合同终止，旅行社退回相关费用。

2018年7月23日，活动确定延期一周，继续收取费用，并续签合同。

2018年7月28日，购买西天目山门票，请专业讲解员介绍。

2018年7月29日，购买安吉竹博园门票、乘坐景点游览车。王同学和家长志愿者共同结账，确保收支平衡。

在收费、支出、核算的过程中，王同学的数学计算能力得到了锻炼，财经素养得到了提升。

2. 研学旅行活动——成长在不经意间发生

从2017年3月10日开始，我们开展了多次研学旅行活动，每个参加活动的孩子都有或多或少的进步，特别是在安全守时、活动高效等方面取得长足进步。这一次研学旅行活动重点在于社会交往体验、领导力培养和多学科整合性学习。期待孩子们能有具体、真切、快乐的行知实践、活动体验与学习收获。

在活动过程中，孩子们积极和当地人、超市营业员、景点讲解员沟通，特别是和刚转学到我们班的同学增进了解、友好相处，使新同学很快融入温馨的集体中。不用老师、家长志愿者提醒督促，时间观念、学习意识都有了显著进步。

3. 学科整合，其乐无穷——体验创新型学习方式

在西天目山寻找"七绝"的过程中，有学生发现天目雷声和课文中所描述的不相符。袁宏道在《天目》中说："余耳不喜雷，而天目雷声甚小，听

之若婴儿声，四绝也。"其实，天目山的雷声一点都不小，简直震耳欲聋，而且光打雷不下雨。胆小的学生担心天会突然下雨，而且树下躲雨又很不安全。好在这一切都有惊无险地度过了。文中还说"山树大者，几四十围"，天目山的树高大粗壮，学生们用目测法和张开手臂围拢树干来估算天目柳杉的胸径和高度，都惊叹于大自然的神奇。有学生看到了骡子，不那么温顺，像脱缰的野马，在人群中奔跑、穿梭；有学生听到天目山的蝉鸣有点像鸟叫，婉转悦耳，有点像我们班某位女生尖利的嗓音。学生以为这些都是"天目八绝""天目九绝"之类，都开怀大笑。他们学到了书本上没有的知识，体会到了生活中没有的新鲜事。他们把语文课堂所学和数学、地理、历史、美术、音乐等学科结合起来，身临其境地感受大自然的神奇和伟大。杨同学把这种学科融通的方法称作"创新型学习法"，她说："耳听为虚，眼见为实。用实践证明，用事实说话。君子文化的实践与探索，并不只是去理解文化，而是去发现自然奥秘，真正做到知行合一、学以致用。"

4. 乐于发现、深入探究——学习成长在路上

学生们对这里的一切都充满了好奇：为什么枯死的树没有倒下？为什么天目山的晴天会打雷？为什么山上山下的体感很不一样？为什么天目山的树也能够"四代同堂"？带着很多很多的问题，学生们准备回去一一查证，此行的乐趣还在于疑点重重，意犹未尽。大自然是一本神奇、博大、精深的教科书，更激发了学生的好奇心和求知欲。

5. 点燃篝火、点亮梦想——青春飞扬能量场

菊之魂小组精心设计、策划了此次活动，学生们围在篝火堆旁，梅之香、兰之韵、竹之气、菊之魂小组纷纷亮相。一曲《小幸运》，一首《临江仙·滚滚长江东逝水》把我们带入亦近亦远、亦真亦幻的奇妙境地；一曲《稻香》、一首《青柠》、一则《菊的象征》相声小品，让人陶醉，令人兴奋；《明天，你好》《我们是相亲相爱的一家人》把篝火晚会推向高潮。击鼓传花、猜字游戏、运送气球等游戏，让我们仿佛回到了童真年代，欢声笑语传遍了空旷场地的每一个角落。

跳跃的篝火，燃烧青春的热情，增进师生的感情，增长我们的见识，增强团队的凝聚力！难忘的篝火晚会，可能一生只有一次。就是因为这份难得的人生经历，以后回味起来才会别有一番滋味在心头。

四、活动评价自主化，综合素养得到有效提高

1. 自我评价，抒写活动感受

闵同学：7月28日一早，我们从学校出发，经过4个半小时的车程，我们来到了天目。在活动之前，我们做了不少准备，而且老师给了我们很多锻炼机会，让我们自己组织策划。"读万卷书，行万里路"，我们既学习了袁宏道的《天目》课文，又切身体会到了"天目七绝"，天目山的雄伟与迷人景色，让人流连忘返，难怪袁宏道有"出缠结室"之想。

在安吉竹博园，我们看到了各式各样的竹子。无论哪种竹子，都在向我们展示它们的品质——正直、高洁、坚贞。我们还看到了爱吃竹子的大熊猫，样子憨态可掬。

总之，这次研学旅行让我们锻炼了组织能力、表演能力、沟通能力，还欣赏了天目美景，体会到了竹之气韵。此行收获满满。

2. 他人评价，提升成长自信

董老师：奚同学的美篇制作短时高效，有探索、有体验、有收获，既有语文、信息技术、体育锻炼、审美鉴赏等方面的学科整合，又有学生领导力的示范榜样意识，还有节约经费、节约资源意识，成长就在转瞬之间发生。

李教授：非常棒！

董老师：华师大李家成教授对你在美篇制作和活动感言两个方面的优秀表现非常赞赏！

董老师：老师对你在这次活动前、活动中、活动后的表现刮目相看！谢谢你让我看到了"凡事皆有可能"！

奚同学妈妈：谢谢您帮助孩子们寻找一切可能的机会，让每个孩子都有机会展现自己的闪光点，孩子的瞬间成长与您的引导密不可分。感恩！感谢！也谢谢此次活动的家长志愿者们！

3. 三问评价，凸显活动价值

（1）你觉得天目之旅和安吉之行，我们可以对哪些学科进行融通，进行学科融通后的学习效果如何？

（2）通过这次研学旅行活动，你的社会交往能力有没有得到提高？

（具体跟哪些人有人际交往？通常以怎样的方式进行人际交往？在人际交往中，你最大的障碍或最大的收获是什么？）

（3）在这次研学旅行活动中，你的领导力有没有得到提升？

（你参与活动策划了吗？你参与活动组织了吗？你为活动的顺利开展做了哪些服务性工作？你对自己在本次研学旅行活动中的表现满意吗？为什么？）

4.三问回答，实现多元发展

××舟同学：

（1）我认为可以跟生命科学进行融通，去探索大自然中的生命现象。还能和语文学科进行整合，让同学们真切感受大自然，然后就可以身临其境写出一篇好作文。

（2）跟同学和老师进行了人际交往，我以对话的形式跟他们进行人际交往。我最大的障碍就是不敢开口，最大的收获便是一旦开口就会觉得十分快乐。

（3）我参与了本次活动策划，并且参与了活动组织，我参与编写篝火晚会的节目单。我对自己在本次研学旅行活动中的表现十分满意，因为我没有犯之前的老毛病——丢东西。

××珏同学：

（1）生命科学，这样的话，我们能对学习产生更加浓厚的兴趣。

（2）与新同学结为好友，更加懂得了如何与人相处。

（3）这次研学旅行，我的领导力得到了显著提升；我参与了篝火晚会的策划，与小组成员一起设计晚会节目单封面，编排节目单，还写了主持稿。我对自己在这次研学旅行中的表现比较满意，不管是前期的准备工作还是活动时，都能积极主动地参与。

祝同学妈妈评价祝同学：孩子想赶在董老师要求的7月31日前完成，弄到很晚，只能8月1日发了。

董老师：质量很高，高到仰视！

祝同学妈妈：谢谢董老师的肯定，他说他拍到了你们没拍到的东西，安吉竹博园里的一只棕色小熊猫，在一个角落里，好像我还真没见到。

董老师：视角独特，心很静，想法和做法与众不同，有艺术天分和文化气息，我们一定要鼓励他"扬长"！

祝同学妈妈：是的，听您的，要扬长避短。

祝同学：董老师，昨天太晚了，配乐是我妈妈弄的，现在我自己弄好了，以这个为准。

董老师：完美，相信你，没错的！祝福自己：超越自己！超越想象！

祝同学：嗯，我很喜欢这个班级，我会努力！

董老师：加油、加油！

5. 多元评价，形成激励机制

整个活动中，有专家、老师、家长对老师的评价，有老师对学生、家长的评价，有专家、同行、家长对学生的评价，有学生对活动的评价，有家长对活动的评价，有老师对活动的评价和反思等。

大自然是一位无言的智者，是一个神奇的魔法师。它以大树参天、竹林幽深、鸟鸣虫唱、草木舒展、溪流淙淙，向人类诉说着悠悠岁月中的动人故事。森林是最好的教室，自然是最好的老师。我们在用脚步丈量和用心体悟中感受自然之美。

这次研学旅行活动，除了前期的问卷调查及分析以教师为主外，中期的策划、组织、实施都以学生和家长为主，后期的活动感受、美篇制作、三问回答（社会交往、学科融通、学生领导力）都得到了学生们的真情回应。全班23人中活动自主参与率达87%，家长志愿者4人，专业辅导员1人，教师1人（见图1-3-1）。

图1-3-1 探寻文化之旅研学旅行活动

"教，是为了不再需要教；学，是为了更好地学。"我们不是为教而教，而是信任孩子，引导他们学会学习。孩子都是天生的学习者，教师只要引导他们成为一个成功的学习者就行了。孩子亲身经历过的事,无不夹杂着他们各自丰富的情感体验,只有真正经历过、体验过,个中滋味才会真实地涌进心田,才能品味出生命的五味杂陈与奇妙之处,才能真正地培养孩子们求真、向善、至美的可贵品质。

历时一个多月的研学旅行活动,经历了调查分析、策划组织、评价反思几个阶段,终于画上了圆满的句号。通过此次活动,玩中学、学中乐,把元认知中的自我反思能力、逻辑思维能力、沟通协调能力等融合在研学旅行活动中。学生的成长,不是靠老师的说教,而是靠学生自己的活动,包括学习知识,让他们在参与活动中主动地学习。在这个过程中,学生体验到与他人、与社会的关系,思想品格得到锻炼,责任感、沟通能力、合作精神、诚信品质等得到培养。研学旅行自主化,幸福成长在路上。

在互学互鉴中构建学习共同体

——以沪浙两地探寻古村落文化研学旅行活动项目合作为例

2019年8月24日至25日，沪浙两地探寻古村落文化研学旅行活动项目合作，从浙江省金华市武义县大溪口乡山下鲍村开始。这项活动起源于2019年"你好，寒假！"寒假生活与学期初生活重建项目研究，笔者和浙江省武义县泉溪小学的涂淑莉老师，通过城乡联动和家校社合作，开展了全国首例探寻古村落文化研学旅行活动。

探寻古村落文化研学旅行活动得到了浙江省金华市武义县大溪口乡政府、山下鲍村村委会、临港实验中学七色花中队和武义县泉溪小学小水滴中队的学生及家长的积极参与和鼎力支持，实现了多主体跨时空合作学习的活动愿景。

一、互学互鉴，创生教育新资源

1. 师师合作，开发研学合作项目

浙江省武义县泉溪小学的涂淑莉老师在寒假生活与学期初生活重建微信群中上传了美篇作品《"你好，寒假！"之"二探古村山下鲍"纪实》，笔者被里边神秘的古村落和孩子们采访村中老人的情景吸引了。

笔者和涂老师网络结缘，向她提出了五组问题：①孩子们的提问是随机的吗？②如果涂老师提问，您会问哪几个核心问题？③地方志中有关山下鲍村的记录是怎样的？④"超市村"是由谁发起的？他们还想回来吗？为什么？⑤我们能为古村落做些什么？涂老师对以上问题做了详尽的回答。这极大地满足了笔者的好奇心。之后，我们就有了沪浙两地探寻古村落文化研学旅行活动项目合作的设想。

2. 师生合作，探讨研学方案设计

上海市临港实验中学七色花中队的11名学生，自愿报名参加本次研学旅行活动。2019年7月29日，我们集中在董雪梅心育工作坊进行研讨。我们具体围绕去哪儿、怎么去、学什么、怎么学、评价什么、怎么评价等问题展开热烈讨论。

由妍同学负责设计研学旅行活动方案，并设计制作横幅。因为是沪浙两地的八年级初中生和一年级小学生之间的合作交往，所以由佳同学负责设计跨年龄段合作交往中的游戏互动。笔者录制了《山下鲍村——隐世的江南古村落》微课，提供给学生们作为研学旅行活动前的视频学习资料。

3. 生生合作，进行图文资料收集

每个参与活动的学生都有具体的任务分工，如萱同学负责和旅行社洽谈签约、活动收费，依同学负责小项目收费、清点人数，文同学负责采访村中老人的问题设计等。他们"八仙过海，各显神通"，通过多种渠道和方式，收集有关古村山下鲍的图文资料，然后由杰同学设计封面封底，妍同学负责装订成册。活动前，人手一份探寻古村落文化研学旅行活动图文资料。

二、因势利导，拓宽教育新渠道

1. 台风侵袭浙江，专业人士讲座

原定2019年8月10日至11日的研学旅行活动，因为台风"利奇马"登陆浙江而延后两周进行。学生参加活动的心情非常迫切，但是安全第一。笔者建议学生通过各种方法和途径，去了解什么是台风、台风的形成、台风的路径、台风的危害以及台风对出行的影响等。文同学还特别制作了《台风》PPT。

笔者先生是防汛防台的专业人士，因而邀请他一起参加本次研学旅行活动，并在前往浙江的车上给学生做了台风知识微讲座。他以丰富翔实的案例，给学生、老师、家长志愿者介绍了台风的有关知识，让人受益匪浅。

2. 探寻村落文化，创生教育资源

本次研学旅行活动创生了很多教育的新资源，如耄耋老人的回忆、五代同堂的介绍、三位家长的活动美篇、两位老师的活动评价、奚同学的个体转变、多位学生的领导力锻炼等。

我们拜谒了涂氏宗祠、家族牌位，参观了涂氏大厅、古建筑群、古靛青塘遗址、水碓等，游玩了溪流山涧。在脚步的丈量中，切身体会和感受山下鲍村所特有的宗族文化、孝道文化、建筑文化、非遗文化、自然文化、农耕文化等（见图1-3-2）。

图1-3-2　探寻古村落文化研学旅行活动合影之一

3. 爬牛头山见闻，丰富生活意蕴

七色花中队的哥哥姐姐和小水滴中队的弟弟妹妹一起，攀爬海拔1560米的牛头山。大家互相鼓励、互相帮助，一个不落地登上牛头山的顶峰，感受"会当凌绝顶，一览众山小"的豪迈气概。我们惊叹于自然之美，也经受了体力和耐力的考验。

城里的很多孩子没爬过这么高的山，特别是冒雨爬山，更是接受了大自然的精神洗礼。

三、反思重建，共续教育新诗篇

1. 美篇感受，进行认知重构

妍同学的美篇，侧重于七色花中队和小水滴中队的项目合作；佳同学的美篇，侧重于对山下鲍古村落的流连忘返；豪同学的美篇，主要表现了自己在人际交往上的自我突破，等等。

2. 交流展示，进行研学辐射

杰、成两名同学给全校师生做了探寻古村落文化研学旅行微报告。他们台上交流5分钟，台下准备5小时，这一次全校范围内的交流发言，既是对研学旅行进行知行合一的认知检阅，又是对综合能力素养进行实践性考查。事实证明：一次交流发言，是对学生领导力的培养和锻炼，他们感觉此次研学旅行收获特别大。

佳同学的美篇视角独特、语言唯美、感受真切，如"也许有一天我会突然想起，在这个深山中的某个角落，有一个古村落如电影长镜头填满窄巷，不需要陈述者，只需要一个烟雨朦胧抑或微风轻拂的午后，年迈的老妇人坐在门边轻轻地摇动着蒲扇，一砖一瓦都是故事……鸭子在天上游，把白云都弄皱了"。安徽省县霍邱县乌龙镇中心学校的刘茜老师第一时间和学生做了分享。笔者把佳同学的美篇分享到微信朋友圈，大家对作品的认可度很高，点赞很多。

3. 再次牵手，深化合作项目

浙江省武义县教科所的雷所长赠予笔者"历史文化名村山下鲍古村落文化研究"——《千年古村山下鲍》。在第三届全国乡村班主任发展研究论坛做了主题发言后，他向笔者和涂淑莉老师现场提问："后续你们还有没有合作的计划或打算？"雷所长希望探寻古村落文化研学旅行活动项目合作还能继续深入下去。他认为，古村落文化有可能会对学生产生从有"兴趣点"到做"追梦人"的教育影响，这一点让笔者深受启发。他说，教育的本质在于对人的影响。

小水滴中队的尤尤妈妈也参加了本次研学旅行活动。她盛赞这次研学旅行活动，也特别感谢陪伴尤尤两天的上海小姐姐。我们向浙江省武义县泉溪小学的涂淑莉老师和小水滴中队的孩子们发出邀请，希望他们寒假来上海临港，我们继续深入开展研学旅行的项目合作（见图1-3-3）。

图1-3-3　探寻古村落文化研学旅行活动合影之二

四、结语

学习型社会倡导人人皆学、时时能学、处处可学，或表达为人人、时时、处处可学，形成简洁明了的目标体系和参照结构。也有学者建议增加"事事"之维，以形成更为清晰的中国学习型社会理念系统与实践框架。

此次研学旅行活动，有前期调查、师生访谈、设计实施、活动感受、期初展示等组织形式和评价方式，实现了多主体跨时空合作学习的活动愿景。研学旅行活动中的城乡联动和家校社合作更是为"第四教育世界"创生了"六度"学习新样态：学习时间的长度、探寻空间的宽度、人际交往的厚度、内心感知的力度、学习方式的灵活度及生活重建的能见度。

城乡学子合作探寻古村落文化

2019年8月24日至25日，上海市临港实验中学的七色花中队和浙江省武义县泉溪小学的小水滴中队合作开展了探寻古村落文化研学活动。在过程中，沪浙两地学生共同体验和学习乡村文化，在互学互鉴中构建了城乡学习共同体。

一、城乡携手，共建跨时空学习共同体

1. 牵手结对：城乡学习共同体的组建

来自上海临港和浙江武义的孩子们，在董老师和涂老师的带领下，在大溪口乡政府进行了朴实而正式的结对仪式，上海的孩子们还为武义的孩子们带来了城里孩子的学习用品等，他们临时选派出活动主持人，顺利完成了活动的组织和主持工作，初步建成了城乡学习共同体。

2. 共探村落：学习共同体的发展

在探寻古村落文化的过程中，偶遇当地一名留守儿童，我们邀请她一起加入我们的活动，女孩由开始的害羞、不敢交流到后来融入我们的研学旅行活动，笑容绽放在她的脸上。此次研学旅行活动，由柳城小学的雷副校长、蓝老师夫妇、临港实验中学的王老师、家长志愿者、专业人士、村落居民等共同参与，每位参与者分工明确、各司其职。乡政府和村委会的领导负责给我们提供并准备活动场地，做好后勤服务保障工作；蓝老师夫妇负责做好活动的路线踩点和领路工作，保证活动时车辆的顺利通行；专业人士给学生做台风知识微讲座，让学生明白什么是台风，台风的形成、路径、危害以及台风给出行带来的影响；家长志愿者做好学生的安全服务工作，对学生进行生活方面的指导，以确保活动的顺利开展；村落居民热情好客，热心接待到访的我们，为我们介绍村落的辉煌历史和发展变迁；王老师做好学生的服务和解说工作，让学生们的研学更加深入细致。一群来自沪浙两地的有缘人，因

为探寻古村落文化研学旅行活动而走在一起，他们相互学习、相互促进，在问询、答疑、介绍、互动的过程中，发展成优势互补、互学互鉴的学习共同体。

3. 交往合作：学习共同体的拓展

研学活动有序进行着，我们的队伍也在不断扩大，参与人数越来越多。当地一名留守儿童，长期住在农村，跟外界没有太多接触，面对陌生的我们，她显得非常胆怯，眼神不敢直视我们，更不敢与人交流。我们给她送上了从上海带来的礼物，邀请她一起参加我们的研学活动，主动跟她打招呼，和她拉家常。慢慢地，我们发现她的眼神发生了奇妙的变化，合影时能够直视相机，脸上露出甜甜的微笑，后来她完全融入了我们的队伍，还在游玩过程中充当向导，和七色花中队、小水滴中队的孩子们成为好朋友。从心理学来看，女孩的改变来源于她心底对朋友的渴望、对认知的渴求，她想通过交往新伙伴来满足自己的学习需求，当这种需求大于她的内心害怕时，就瞬间转化成了行为改变的动力。

研学旅行活动后，七色花中队和小水滴中队的孩子们在研学微信群中做线上交流，七色花中队的孩子们积极主动地完成了活动美篇，并把它们分享在群里，供大家讨论学习。小水滴中队的孩子们也跟父母一起书写研学旅行活动感悟，做好班内分享。他们彼此约定，寒假一起组团到上海去，让友谊之花继续盛开在两地孩子的心中。家长、教师、学生、专业人士之间的交往与合作，并没有因为研学旅行活动的结束而结束，而是把此次研学旅行看成学习共同体的始发站。

二、相互学习，实现多主体的共同发展

学生的内心需求满足与生活智慧发展是暑假生活重建的核心要素，实现学生积极参与和利益最大化是活动开展的初衷及教育目的。在暑假生活的策划、实施、评价、反思过程中，要让学生成为与同伴、教师、家长、社区人士等合作的关键人，用充分的实践、交往、体验，深度挖掘、开发、利用学生的内在潜力，激发学生的学习动力。

1. 活动策划能力得到有效发展

乡村生活的学习对于城里的孩子来说，是一次难忘的经历。他们提前进行活动研讨，围绕去哪儿、怎么去，学什么、怎么学，评价什么、怎么

评价等方面的问题展开了积极而热烈的讨论。学生设计活动方案、设计制作横幅、设计游戏互动、收集图文资料、进行任务分工等，领导力得到了充分的锻炼。

2. 交往和写作能力得到有效提高

浙江武义的小朋友积极主动的交友方式，改变了大城市哥哥姐姐的腼腆与矜持，初见如故，在抽签结对、赠送礼物之后，很快就大手牵小手，成为好朋友。

奚同学在活动感言中说："这一次活动，让我了解了当地人的热情，见面就给我们人人一份当地小吃——千层糕。我还认识了一个新朋友，一个8岁的弟弟。他让我从本来的在陌生人面前有点害羞中脱离了出来，可以敞开心扉说说话。第二天在牛头山，我戴着耳机站在牛头山门口的时候，两只小手突然握住我的手，让我猝不及防，但也很开心！虽然时间过得很快，但是我觉得情谊还是在的。相信以后还会再见，从现在开始，期待那一天的到来吧。"

学习结束之后，七色花中队的孩子们在回程途中用制作美篇的方式自觉地对活动进行回顾总结，每个人都有自己的活动感悟，作品精彩纷呈。老师还没有布置相关学习任务，孩子们习惯使然，人人争先恐后，个个精彩亮相。奚、朱、康、刘几个同学在回程途中就完成了美篇作品。其中奚同学去年和今年在两次研学旅行活动中的美篇作品和活动感受都率先完成。小水滴中队的孩子们与父母合作，完成了研学旅行学习感悟，父母跟孩子们一起收获了多主体跨时空合作学习的快乐与满足。

3. 待人接物的方式得到正面引导

热情是武义人给上海人留下的第一印象，也是特别美好的印象。上海师生进入了"浙江欢迎您"的地界，就感受到了涂老师的热情周到和武义人的真诚友善。老师的垂范、家长的观念、周围人的态度等，都会潜移默化地影响生命体的存在方式，在不断的拒绝和接受中，从自然人到社会人的性格特征、精神品质等就会内化成生命体的一部分。

4. 自主学习能力得到有效提升

在徒步前往古靛青塘遗址的时候，虽然城里的孩子从来没有走过这样崎岖的乡间小路，但是挡不住他们探寻古村落文化的热情。一路上，小水滴中队的孩子们教他们认识番薯、生姜、大豆，因为城里的孩子对于这些农作物知之甚少，随后他们还通过其他方式持续学习，认识了更多的农作物，还了解它们各自的特性，让这些平时只在菜市场里和餐桌上见到的食品和自己来个"亲密接触"。

牛头山是金华市第一高峰，大人爬上去都已经筋疲力尽，可是这些大大小小的孩子们，在登山的过程中兴致勃勃，他们相互鼓励、相互帮助，一个不落地登上了山顶。山上有类似于蜈蚣的马陆，在尤尤小朋友的好奇询问下，老师、家长、学生通过查阅资料，终于搞清楚蜈蚣、马陆、蚯蚓三者的区别。他们一起互联互通、互学互鉴，共同构建城乡学习共同体。

小水滴中队的孩子们感受到了城里的大哥哥大姐姐们友好的态度和渊博的知识，表示会以他们为榜样，努力学习，奋发向上，长大后成为社会合格的建设者和接班人。

三、反思深化，挖掘项目合作的内涵

1. 继续探索，深入挖掘村落文化内涵

文化的传承要从娃娃抓起，沪浙两地牵手合作的研学旅行活动是一个新的尝试和新的开端，我们将结合浙江省武义县教科所雷所长的研究专著《千年古村山下鲍》，继续深入开展探寻古村落文化研学旅行活动，挖掘更多、更有意义和价值的古村落文化内涵，培养孩子知家乡、懂家乡、爱家乡，长大后建设美化家乡的家国情怀。

2. 牵手合作，在互相影响中改善生命

基于研学旅行活动人人参与、事事可为，我们都有很重要的认识，实现中小学生自动化管理和自主化发展，使研学旅行活动达到多元发展、幸福成长的新境界。虽说我们来自沪浙两地，但是多主体跨时空合作学习还可以继续深入下去，带着乡村的孩子去城里看看，开阔学生眼界，提高学生素养，研学路上我们结伴同行，学习生活我们互相促进，使个体、群体共同发展。

3. 价值引领，激发对梦想的执着追求

乡村学习有着很多鲜活的教育资源。正如雷所长所说："教育的本质是影响。探寻古村落文化研学旅行活动，有可能会对学生产生从有'兴趣点'到做'追梦人'的影响。"在孩子们心中，从小种下梦想的种子，让他们在亲近自然社会、热爱传统文化、关注生态环境、激发兴趣爱好中，为实现梦想做出坚持不懈的努力。

4. 城乡合作，优势互补实现互学互鉴

城市和乡村的合作学习，让两地学生在"第四教育世界"中创生出"六度"学习新样态：学习时间的长度、探寻空间的宽度、人际交往的厚度、内心感知的力度、学习方式的灵活度和生活重建的能见度。

立足文化，聚焦素养，研学在路上。我们的城乡联动、互学共进、多方赋能的合作学习还在持续进行中。

山重水复疑无路，柳暗花明又一村

——试论教育中的情感功能

　　笔者曾经历过一段16年教育生涯中最困顿的日子。本人从农村调往城镇工作，由于对镇上某些教育状况不了解，教育一时没了方向。清晰地记得那是第二学期开学后不久，班级中的某些不良现象如雨后春笋般拔地而起：男同学下课后追逐嬉戏，不小心弄疼后反目成仇，以至于大打出手；女同学把文曲星学习机当成游戏机，整天沉迷其中不能自拔；教室里小纸团满天飞，据说是同学间互相沟通交流的"特快专递"……一连串棘手的教育问题摆在眼前，使笔者如同遭遇轰炸机袭击一般，毫无头绪、漫无目的，刹那间记忆如同消失的电波，失落、彷徨写在脸上。理智告诉笔者，越是危急紧要关头，越要沉得住气。

　　冷静下来，发现这些现象好像出现得比较突然，但似乎又是偶然中的必然，不可避免。有一次，学校组织学生参加社会实践活动，笔者因为在听讲座和组织学生活动间难以取舍，所以早上到校后，先安排学生们上车，然后把任务转交给一位年轻的任课老师，自己毅然选择了听课。没想到，学生不买年轻老师的账，在车上就有学生因为气球发生矛盾，互相责备，甚至拳脚相加，老师的劝阻没有使他们平息怒气，反而使他们在内心积累了所谓的怨愤，其他同学也因为缺乏是非观念而任凭事态发展，一次活动就这样因为"群龙无首"而自由散漫，也直接导致了不良情绪的滋生蔓延。再加上4月1

日是愚人节，学生巴不得使出浑身解数捉弄一下身边的同学，因此字条中什么侮辱的、可笑的、难听的话都有，收到字条的学生也不甘示弱，反唇相讥，一时间，教室里乌烟瘴气，得意的忘形，失意的愤激，到处是剑拔弩张的气氛。

半年多来笔者每天早7点前到校，晚5点多回家，中间绝大部分时间都和学生相处在一块，及时了解班级里学生的行为、心理乃至思想的变化，努力营建和谐、融洽的班级氛围，强调主人翁意识，通过学校体育节、艺术节的积极参与，发扬团结合作精神，增强集体荣誉感，现已取得初步成效：第一学期，我们班被评为"校文明班"；第二学期，班级中的"灿烂群星小队"被评为区优秀少先队集体。

笔者找来了新老两任班长（为了让学生都能以主人翁的姿态共同参与班级管理，我从学期一开始就采用班干部轮流制），向他们了解情况，据他们反映：这学期，特别是第四周以后，纪律方面的确有所松懈，特别是一些副课上，经常有同学做与课堂内容无关的事，如看课外书，在文曲星上玩游戏，同学之间传小字条等，有时任课老师视而不见，有时发现了也只是轻描淡写地说几句，这就更助长了他们的气焰；另外，同学之间的不友好现象主要发生在课间，通常是因为同学之间不肯谦让，心胸狭窄，不小心碰了一下，一个不愿说"对不起"以求得他人的原谅，另一个则像吃了大亏似的非要争个高下，于是"宽以律己，严以待人"被搬到了桌面上，在冲动面前丧失了应有的理智，文明礼仪在头脑中消失殆尽。

在掌握了情况之后，笔者找来个别学生谈心，一方面想印证情况分析的准确性，另一方面则想有针对性地对个别学生进行批评教育。对于主张用武力解决问题的张同学，笔者先跟他谈了老师最近了解到的有关他的家庭情况：父母离异，在抚养问题上，由于父亲极力争取，所以抚养权归属父亲。笔者说："你的父亲肯定不希望你在外惹是生非而给他带来许多精神上的伤害，相反，他多么希望你能早日成为小小男子汉，为家庭带来欢笑、带走烦忧啊。"说到此处，笔者发现他的眼睛似乎泛潮了。笔者又进一步向他指出冲动型情绪状态会带来的种种危害，如失去朋友会形影孤单，缺少帮助；失去信任会人格扭曲，善恶不分；失去理智会造成后果，承担责任。"如今你不分青红皂白，凡事用拳头解决问题，请问拳头真能解决问题吗？要不，遇到像你这样屡教不改的学生，我也挥出拳头来试试？"他有些害怕，情不自禁地晃了晃。笔者紧接着说："这件事要不要让你爸爸知道？"他马上意识到将给父亲带来的烦忧，执意让老师给他一次改正错误的机会。他涨红了脸，急得眼泪都快掉出来了。笔者答应他一定保密，他也答应笔者一定改正。碰到这种情况，笔者认为教育也该适可而止了。

而后，笔者把参加全区班主任基本功大奖赛总决赛时的一篇演讲稿——《人人都是可塑之才》精心准备了一下，在班内做了一次声情并茂的演讲，缓缓流淌的每一个字符传递着笔者的教育理念：人人都是可塑之才。爱护学生、维护自尊、鼓励创造、身体力行，这是笔者所认为的班主任工作的全部内涵。"感人心者，莫先于情"，情感是师生之间交流沟通的桥梁，从一个个鲜活生动的教育案例中，学生终于明白：教师是天底下最崇高的职业，教育是塑造人类灵魂的浩大工程，教育振兴是一个民族兴盛的关键。最后，当笔者饱含深情说出"我愿燃烧我的热情，化作点点烛光，照亮每一名学生的心田，点燃他们成功的希望"时，全场响起了一片经久不息的掌声。笔者知道在很多时候，批评、责备其实并不管用，关键是动之以情、晓之以理，才能真正达到教育的目的。

班会课上，笔者让学生帮忙出出主意：我们班级该往什么方向发展，怎么发展？他们你说一句，我说一句，为下一阶段的班级工作群策群力。有学生说，要形成"班风正，学风浓，凝聚力强"的优秀班集体；有的说，要牢牢记住"今天，我以二中为荣；明天，二中以我为荣"的班级盟约；有的说，要改掉陋习，增强是非观念，抵制不良习气；也有的说，要发扬谦让、尊重、互助的中华传统美德；还有的学生说，要好好学习，增长才干，长大为祖国做贡献……文明代替了野蛮，思想统一了认识，前进得到了保障。在经历了一次小小的波折之后，班级工作又步入了正轨，教育又将向着良性循环的轨道迈进。

回想起这段教育过程中的柳暗花明，主要得益于情感教育心理学中的某些理论的启发，具体包括以下几个方面。

1. 教师对教育工作的情感

教师的工作不同于其他工作。从工作的社会意义上看，教育是培养下一代的神圣事业，关系到国家的前途、民族的兴旺、社会的发展和时代的进步；从工作的性质上看，教师是塑造人类灵魂的工程师，其工作的好坏，影响的不是一批产品的质量，而是一代新人的素质。为此，教师需要有更多的事业心、责任心和献身精神，只有满怀爱心，融汇人间真诚，肩负神圣使命，具有奉献青春生命的积极情感，才能勇敢面对教育过程中的艰难和曲折，以满腔热忱对待工作，在平凡的工作岗位上做出自己应有的贡献。

2. 情感的感染功能

情感的感染功能是指一个人的情感具有对他人情感施以影响的效能。在情感互相影响方面颇有研究的美国作家诺尔曼·丹森教授说："情感互动是两个人之间通过相互作用而进行的情感转让，是一个人情不自禁地进入对方的感受和意向性感染状态的过程。情感互动是一个相互作用的过程，它把两个或两个以上的人结合在一个共同的或共享的情感体验领域之中。"教师对事情的冷静处理会直接影响到学生对行为的冷静分析，教师对学生的关心、理解也影响改变着学生原先冷漠、蛮横的态度，达到情绪控制、情绪调整的目的。

3. 情感的疏导功能

情感的疏导功能是指情感能提高或降低一个人对他人言行的可接受性的效能。一般来说，一个人真挚、生动的情感易打动他人，使他人较易于接受、悦纳他人的言行；而冷漠、无情或不真实的情感，则使他人易于产生隔膜甚至反感，大大降低对其言行的可接受程度。同样的内容，热情洋溢、情理交融的劝说演讲，易为他人所接受，而缺乏感情、单调呆板的批评说教则会使人引起心理上的逆反和抵触，学生大多听惯了逆耳忠言，而极少领略处变不惊、慷慨激昂的正面开导，在意料之外收获一份成长的惊喜。

4. 情感的协调功能

情感的协调功能是指一个人的情感具有促进或阻碍人际关系的效能。心理学研究发现，在人际交往过程中，人们往往喜欢那些喜欢自己的人。前者的"喜欢"似乎是对后者"喜欢"的一种回报。因而，心理学家也将这种相互吸引现象称为"回报性吸引"。当你把热情、真诚、与人为善的情感表露在脸上的时候，对方也会接纳、听取你的意见或建议；反之，当你对一个人表现出失望、认为无可救药时，则他人也往往会产生疏远、反感甚至憎恶的情感，那么教育也会适得其反。

无论是教育还是教学，都应当充分发挥情感因素的积极作用，这是作为一名教育者对于受教育对象实施的真正意义上的教育。

财商教育的实践与反思

有人说："君子爱财，取之有道。"

卢梭说："我们手里的金钱，是保持自由的一种工具。"

培根说："金钱是生着羽翼的东西，有时它会自行飞去，有时必须将它放出去，才能带更多回来。"

易中天说："经济不能独立，哪来的个性独立。""一个人有了独立财产，才能有独立人格。"

…………

众多有关钱的理论，在女儿身上得到了充分的体现。

一、引导孩子拥有财商的重要性

1. 有了钱的意识

女儿上幼托班的时候，笔者带她去超市，每次规定只能买一样零食，而且必须吃完后才能再买，所以，小小的她，头脑里就有了"想吃东西可以买，每次只能买一样"的印迹。

女儿从小喜欢钱，觉得钱可以用来买东西。小时候，她喜欢把储蓄罐里的钱一股脑儿地倒出来，然后把钱按1元、5角、1角的硬币分类，再逐一清点，用纸和笔分别把1元、5角、1角的钱数记下来，并且计算出总金额。大约一星期数一次，她把数钱当成了一个有趣的游戏，并沉醉其中。

2. 有了钱的宏愿

女儿上小学二年级时，有一次，老师问小朋友："你们的愿望是什么？"女儿毫不犹豫地回答："我有五个愿望：第一，在月球上有一套住宅；第二，有500万元存款；第三，其中200万元用来做慈善；第四，去法国学做厨师；第五，把月球上的住宅漆成不一样的紫色。"同学们都笑了，特别是当她说到要用200万元做慈善的时候。放学回来，她把这件事说给我们听，我们觉得很惊讶，不知道她小小的脑袋中还有什么稀奇古怪的想法。

3. 有了理财的想法

一晃到了初三暑假，她随团去韩国交流学习。带团的老师回来告诉笔者，你女儿跟别的孩子不一样，每天早上数钱，晚上记账，核对消费的收支情况。在老师看来，这个孩子是个小财迷，她对钱情有独钟。

老师的话提醒了笔者，可能是女儿天生就对钱感兴趣。于是将计就计，我们对她进行了潜移默化的教育和影响。

4. 赚得人生第一桶金

初三暑假，我们给她设计了一份"暑期挣钱计划"。用Excel表格的形式，让她记录每天的收入情况。我们按洗衣10元、洗碗10元、做菜10元、打扫10元（擦地板、上蜡50元）、督促父母锻炼身体每人次10元、外出社会实践（做志愿者）每次50元。这一个暑假，她足足赚了3200元。这项活动对于她来说，既体验了劳动的艰辛，也体会了有钱的快乐；对于我们来说，既锻炼了她的动手能力，又培养了她的责任意识和家庭观念，还让她在学校、家庭、社会之间更早地学会适应环境。真可谓一举多得！

5. 更新理财观念

高中时，她参加了学校的理财社。这是一个由学生自发组织的社团，每月活动一次，活动内容主要是讲授一些金融理财知识，提供一些金融理财案例。她对本金、债券、基金、股票、期货等有了初步的认识。有一名同学的父母曾赞助他的孩子100万元投资期货，盈亏基本持平，赚来的经验与教训和同学们一起分享。也有同学的父母赞助一两万元投资股票，该同学为自己赚来了学费。这些身边的理财故事让她明白，金融市场上感性认识和理性判断同等重要。

理财社有时会组织捐书义卖活动，国庆通宵活动中有咖吧收银、食品销售等体验式活动，其中有关成本和利润的核算，更激发了她对理财和赚钱的兴趣。

6. 体验赚钱乐趣

高三暑假的时候，笔者注意到家里的窗纱需要更换了，于是以2000元的购置标准和女儿谈了一个"窗纱购置活动项目"，以盈亏自负的方式第一次让她涉足"商海"。

她前后跑了4次窗帘城。第一次，她货比三家，基本确定款式后，用手机拍下样品照，并和老板谈好了价钱，每米25元（包括加工费）。第二次，她在家量好了窗框的尺寸，再去了一趟窗帘城，这回是一个女员工接待她的，说这个价钱绝对不行，加工费需另算（外加4元一米）。第三次，她把我们叫去，对窗纱的款式进行确定，女员工还是坚持29元一米的价格。这一回，她主动出击，把老板答应过的25元一米的承诺摆到桌面上，并且要求女员工和老板电话联系，进一步确定价格。第四次，我们终于如愿以偿，窗纱由店家送货上门了，可是其中有一块窗纱不符合加工要求，于是，她又跑了一趟窗帘城，要求免费加工调整。这一次，她足足赚了800元，她很兴奋，觉得这几天的辛苦非常值得。

7. 赚钱一发不可收

大二寒假，她自己联系了一个"耐克品牌特卖会"，做起了商场内的临时销售员。从早上9点工作到晚上9点，共坚持了6天，薪资933元。每天回家，她都累得一头倒在床上，即便这样，她还会兴奋地给我们讲述每一天的见闻与收获。她说，商场里的营业员很辛苦，只能站，不能坐；他们的午餐很简单，有的只吃一个熟鸡蛋；商场里来来往往的顾客形形色色，宛如一道道风景；她只需花两天时间，就能把所有货物的型号、价钱记清楚；有的生意好不容易快要成交却又意外"黄"了；合作伙伴很重要，因为他会影响到自己的工作情绪和薪资收入……总之，她在商场的一角感受到了生活的不易，感悟了人生的境遇，她的意外收获远远超过了薪金收入。

8. 理财故事还在延续

笔者问她："你小时候的五个美好愿望，长大后可能实现吗？"她说："应该行吧！"笔者说："依据是什么？"她说："首先，我大学毕业后，要找一份外资企业的固定工作。其次，我要兼职开一家点心店，专门销售咖啡拉花和各式小点心，店址选在大学城，消费群体主要是年轻一族。第三，我要每周花2元钱买彩票，选一组号码碰碰运气；第四，如果稍有钱的话，我要加盟便利店，成为加盟商；第五，如果很有钱的话，我要投资黄金，因为它是硬通货，比投资股票风险小。"

笔者听得一愣一愣的。女儿小小的脑袋里真的有着无穷无尽的奇思妙想。这让笔者想到了"你不理财，财不理你"的说辞，不由感慨：小时候，我们没有因为硬币上有细菌而阻止她去做她喜欢的事；长大了，发现她对钱有兴趣就鼓励她朝着兴趣指引的方向前行；到目前为止，我们在"财商"教育的过程中，始终是旁观者、倾听者和引导者，我们没有强调她整天读书、写字、做功课，因为在我们看来，健康快乐地成长、发现自己的长处、长大能适应社会，比什么都重要。

二、进行家庭财商教育的目的和意义

笔者认为：在家庭中进行财商教育的目的和意义主要有以下几个方面。

1. 人，是自然人。财商教育培养了人的生存能力

"自然人"是在自然状态之下而作为民事主体存在的人，自然人的能力包括权利能力和行为能力。它是抽象的人的概念，代表着人格，代表其有权参加民事活动，享有权利并承担义务。作为生存个体，既有享受生活的权利，也有承担责任的义务。赚钱和理财的根本目的在于让人尽早独立，不依赖他人。

（1）生活自食其力。能用压岁钱以及赚来的钱交付学费、生活费，不需要父母定期提供或是银行转账，从上大学开始，女儿基本做到经济独立和人格独立。

（2）能够吃苦耐劳。参与一些简单的家务劳动，通过按劳取酬的方式明白钱来之不易，需要格外珍惜，学校生活就像居家过日子一样要精打细算。

（3）巧用生活智慧。网上购物会考虑性价比、用户评价、卖家信用、同行比较等。生活中注意货比三家，不盲目攀比，学会废物利用，养成合理消费等好习惯。

2. 人，是社会人。财商教育培养了人的社交能力

"社会人"是通过社会化，使自然人在适应社会环境、参与社会生活、学习社会规范、履行社会角色的过程中形成一系列行为模式的人。人在社会上生存是少不了与人交往的。人们去做一件事情，目的也就是处理人与人或人与事之间的关系，这些都属于交往的范畴，因此说"交往是人们行为的主要动机"。

（1）乐于帮助他人。因为是"购物达人"的缘故，同学经常请女儿代购。通过社会实践，知道生活中常有不尽如人意的地方，学会适时、适度地帮助他人。

（2）学会待人接物。同学聚会、参观会展、参加"校易班"，在人际交往活动中学会诚信礼让，习得谦逊克己等品性。家人或朋友过生日，买点小礼物，以表心意。过年的时候，给长辈发红包，感念亲人的关爱之恩。

（3）参加社会活动。去农村支教，从物质到精神，给予山里娃阳光雨露般的滋润。去自闭症康复中心，给自闭症孩子一句爱的鼓励和行动上的帮助。去医院做义工，在导医的岗位上培养服务意识。

3. 人，是经济人。财商教育培养了人的管理能力

"经济人"的概念来自英国古典经济学家亚当·斯密《国富论》中的一段话："每天所需要的食物和饮料，不是出自屠户、酿酒家和面包师的恩惠，而是出于他们自利的打算。假定人的思考和行为都是目标理性的，唯一试图获得的经济好处就是物质性补偿的最大化。人的一切行为都是为了最大限度满足自己的私利，工作的目的只是获得经济报酬。"

（1）生活自理自立。能够打理自己的日常起居、衣食住行，基本不需要父母帮忙，能自己拿主意并解决日常生活问题。

（2）学会自主选择。选择自己理想的大学和自己喜欢的专业，选择适合自己的服饰和搭配，选择和自己消费能力匹配的生活方式。通过劳动所得，提高生活质量，改善生活品质。

（3）合理规划人生。人生是一场智商、情商、财商交织的旅程。阶段性地达成人生目标，在积累财富、创造财富的同时实现人生价值，使人生丰富多彩，让生命熠熠生辉。

智商、情商和财商是现代社会能力不可或缺的素养。既然智商、情商需要重视和培养，那么财商素养同样也需要培养和改善。期待能有更多的孩子、更多的家长参与到财商教育的洪流中。教育始于家庭，教育面向社会，愿我们能为孩子的全面发展、有序发展、终身发展奠定扎实的根基。

"诗意德育"的案例研究

生活中，在我们的教室里，每天都在上演不同的故事。在司空见惯的现象背后，有着学生成长的轨迹，也有着教师育人的智慧。一个看似普通寻常的日子，因为一个苹果的故事而变得有些不一样。

一、啃苹果后乱扔的现象

一个漂亮的弧度从眼前滑过，只见一个裹着塑料袋的红彤彤的苹果，如同一颗红色的彗星坠入了垃圾桶。紧接着，便是络绎不绝的"流星"，一个接一个飞向垃圾桶。正所谓"流星飞溅，必有坠地"，有几颗"流星"砸到了垃圾桶上，弹跳了几下，继而滚落到了地上。"流星雨"很快就结束了，而"陨石"碎片比比皆是，场面一片狼藉。

这是班级学生中午吃完午饭，享用水果后留下的"后遗症"。

二、老师走进教室后的反应

这时，老师走了进来，她微微蹙眉，又径直来到垃圾桶旁，似乎在翻找什么东西。一会儿，她转过身来，一言不发，但从她忧虑的眼神中可以看出她正在酝酿一项计划。

果不其然，不一会儿，老师手拿一个大号的马甲袋走进了教室，她微笑着对我们说："同学们，今天我要扮演一下刘谦的角色。"说罢，她拿起袋子套在自己手上，朝我们晃了晃。我们不约而同地一阵惊呼："老师难道是要鼓捣垃圾桶吗？"学生的脸上有好奇、有惊讶，也有不怀好意。

老师举起套着塑料袋的手，来到垃圾桶边，仿佛是举枪的战士亲临战场。只见她弯下腰，伸手在垃圾桶里倒腾着什么。本来舒展开的眉头再一次微蹙起来。终于，她直起身，手中举着一只被咬了一口的苹果。她再次一言不发，只是举着它，来到讲台前。

教室里很安静，大家都不知道老师的葫芦里究竟卖的什么药。只是为自己的浪费而感到惭愧，更是为老师的举动而感到惊讶。

三、静静地体会一只被扔苹果的心声

老师来回摆弄着这只苹果，以沉重的语气和凝重的表情对学生说："这只苹果只咬了一口就被扔进了垃圾桶。你们可曾想过：早晨，父母为你装进这只苹果时，他们是多么希望你们能将它全部吃完，好补充体力和营养，可惜……我们换位思考一下：假如你是这样一只吃了一小口就被扔掉的苹果，你的心情如何？"

全班陷入了沉思。

几分钟后，大家的反应变得热烈起来。

"我又大又甜，哪个没眼光的人这么浪费！"

"求求你把我吃了吧，我可是很好吃的！"

"我很失落，我还没有完成我的使命，就发黄变臭了，无法物尽其用，可惜呀……"

"如果我是这只苹果，我一定会感到愤慨，凭什么我只被啃了一口就被抛弃了呢？"

"我生来就是为了奉献，让人们从我身上汲取营养，可我还没有发挥作用，就被人以近乎惨烈的方式丢弃了。"

"我一定会很孤独、很委屈。"

"不！"有人说道，"它并不孤独，因为垃圾桶里不只它一个，许多苹果都是同样的命运，在没有体现它们的生命价值之前，就这样被无情地抛弃了。"

"一只苹果承载了家长对我们无私的关爱，家长希望我们饭后吃苹果，能吸收它的营养，更加茁壮地成长，而我们却这样对待父母的爱，更何况这么做的同学不止一个……"

一个又一个"苹果"站了起来，说出了他们的内心感受：有悲愤，有难过，有失望，有无奈。

另一个学生说："盯着老师手里的苹果，我猛地想到一篇名叫《流泪的苦瓜》的文章。现在，老师手中沾满了果汁，我想：这污秽的、暗淡无光的苹果，也一定是在流泪吧！"

同学们说得很形象，对那只苹果的经历和遭遇，似乎都已经感同身受。

四、教室里悄悄发生着变化

以后，班级里再也没人做出这种乱丢苹果的事，每当我们的目光落到垃圾桶上的时候，总会想起那只"流泪的苹果"！

教室里依旧安静，但是有一种力量正无声地影响着我们，似乎每个人的内心都在悄悄地发生着变化。

每一个慵懒的午后，无意间瞥见周围有同学正使劲地啃着手中的苹果，老师笑了，我们也笑了。没有了胡乱抛掷，也没有看到垃圾桶周围有任何白花花的痕迹。垃圾桶前的那一块墙面，重新焕发了光彩，变得洁白如新。

五、对老师独特教育方法的理解

看似随意的一个"小魔术"，却给我们上了极其生动而又深刻的一课。这节课没有课文、没有讲义、没有板书，老师也没有备课，它完完全全颠覆了传统的上课模式，这种独特的教育方法，不仅极大地引起了我们的兴趣，也使我们永远地记住了那个可怜的苹果以及那个燥热的午后。

老师用异乎寻常的方法，让我们明白了道理——尊重生命，珍爱生命，这是一种生命对待另一种生命的态度。这种独特的教育方式，敦促我们每个人从一点一滴的小事做起，改变陋习，让那几片白色瓷砖重现光泽，也让我们这群懵懂少年经历了一次心灵和思想的蜕变。

教育似乎意味着板起脸来说话，殊不知，只要换一种方式，我们就可以让教育变得诗意而又温情。

"诗意教育"是一种教育的新理念，强调以诗意的方式来解决教育中的问题，"诗意德育"是作为一种弥补理性德育不足的模式被提出来的。

所谓"诗意德育"，就是以使德育焕发诗意魅力为出发点，以提升学生道德境界为价值取向，充分尊重学生的主体地位，将"诗意教育"与学校德育融为一体，让学生在诗意文化的熏陶下，学会用诗意的眼光审视生活，从而自健其德的主体化、生活化、审美化教育活动。简言之，即德育的主体化、德育的生活化、德育的审美化。

苏联著名教育家苏霍姆林斯基说过，我们要像对待荷叶上的露珠一样，小心翼翼地保护学生的心灵。最残酷的伤害是对一个人心灵的伤害，最大的帮助是辅助他人支撑起人生信念的风帆。实践证明，只有触及学生心灵的教育，才能使学生心服口服；只有当学生的心灵得到高尚的洗礼时，我们的教育才会焕发出青春的活力、创造的活力。教育必须触及学生的情感领域，触及学生的精神需要，才能发挥高度有效的功能。因此，教师要善于唤起和诱发学生对道德现象的情感体验。我们要逐步培养学生细腻善感的心灵，让他们在真正有感触的同时，以自觉的行动克服不良的习惯。

此时，所谓的"诗意教育"已是一种真正的人的教育，是对人性教育的呼唤，是对人格教育的推崇，是对失落已久的人文精神的俯拾。教师的专业化发展，正是要找回这种已经失去或正在失去的理想的教育生活的前提和保证。让灵气和魅力也能在教育的舞台上轻舞飞扬，遍洒生命的微光，呈现出教育天地别样的精彩与美丽！

在中西方比较中看教育目标的设定

2019年寒假读了一篇推文：《好的教育就是教出活泼的人》，有些许感慨：我们需要怎样的生活状态？教育需要培养怎样的学生？

蒋梦麟先生早在20世纪20年代于上海的一次讲演《好的教育就是教出活泼的人》中就提到："我们向来读书的宗旨，却是要把活泼泼的人，做成枯落的秋草。"以下摘录一些蒋梦麟先生的观点。

首先，我们要造就活泼的个人。德国人福禄贝尔创新教养儿童的方法，他设了一个学校，用各种方法使儿童自然生长。我们把儿童送到学校里来，只想他们得到知识，忘记了他是活泼泼的一个孩子。无论在小学里，或在中学里，我们要认定学生本来就是活的，他们的体力、脑力、官觉、感情，在一天一天地发展。

其次，我们要造就能改良社会的个人。一个人生在世上，终逃不了社会，所以社会和个人的幸福很有关系。若但求个人发展，忘却了社会，个人的幸福也不能存在。而好的学校宗旨，是养成良好的社会分子，为社会求进化。社会怎样才进化？个人怎样参加谋社会进化的运动呢？这两个问题是学校应该问的。学生自治，是养成学生的能力，以改良学校、社会。

最后，我们要造就能生产的人。今后的教育，要讲生产，要讲服务，要知道劳工神圣。为什么要讲劳工神圣呢？因为社会生产要靠个人劳力，每个人都能劳力，社会生产自然就丰富了；假如大多数的人都"四体不勤，五谷不分"，社会怎么能生存呢？

把以上观点总括起来，教育要定出"产品"的标准：活泼泼的、能改良社会的、能生产的个人。这就是我所瞩望的中国教育的未来。

（蒋梦麟先生，哥伦比亚大学博士，中国现代史上著名的教育家，也是北京大学历史上任职时间最长的校长。——编者注）

....

回归今天的研讨主题"在中西方比较中看教育目标的设定"，内心因为中西方教育文化的差异而越发沉甸甸的，我们的学校教育要培养怎样的学生？我们的家庭教育要培养怎样的孩子？我们的社会教育要培养怎样的公民？简言之，我们的教育目标何在？

一、儿童健康面临的挑战

儿童肥胖是21世纪严峻的公共卫生挑战之一。学生龋齿和视力不良问题更为严峻。除此之外，学生的心理问题和意外伤害的发生率也堪忧。

研究发现，我国有4000万名儿童患有各类心理方面的疾病，并且近年来发病率呈快速上升趋势。中小学生精神障碍患病率为21.6%和32.0%，突出表现为人际关系、情绪稳定性和学习适应方面的问题。儿童的抑郁、焦虑等情绪问题的发病率高达30%。

儿童是未来，儿童的健康问题正成为我国社会发展的一个隐患。儿童健康受到多重因素的影响，如生活环境、饮食健康、文化传统、互联网安全、道路交通安全、家庭经济状况、父母的教养行为、生活方式、环境安全等。教育的首要任务是培养人、发展人，有效教育的同时也要帮助儿童树立正确的健康观。

经济合作与发展组织的专家认为，无论各国的差异如何，政府的教育目的都是一样的，他们关心的问题是："我们的教育是否为儿童将来全面参与社会做好了准备？"而能够全面参与社会的前提是确保儿童拥有良好的身心健康状态。

因而在学龄阶段，使儿童获得健康知识，做正确的健康选择，提升儿童健康素养显得尤为重要。健康素养代表着"人的认知和社会技能，这些技能决定了个体具有动机和能力去获得、理解和利用信息，并通过这些途径促进和维持健康"。世界卫生组织第六届全球健康促进大会通过的《健康促进曼谷宪章》明确将提高健康素养作为健康促进的重要行动和目标，认为健康素养作为一种有效资源，可以通过使个体选择健康的生活方式，更加合理有效地利用医疗资源，为个体和社会带来效益。

我国教育部在2008年颁布了《中小学健康教育指导纲要》，明确提出"把增强学生健康素养作为学校教育的基本目标之一，促进学生健康生长"。《国家中长期教育改革和发展规划纲要（2010—2020年）》提出，儿童时期是人生发展的关键时期。为儿童提供必要的生存、发展、受保护和参与的机会和条件，最大限度地满足儿童的发展需要，发挥儿童潜能，将为儿童健康生长奠定重要基础。儿童是人类的未来，是社会可持续发展的重要资源。

二、"你好，寒假！"带来的健康教育启示

（一）打破了寒假作业单一、枯燥的传统形式

寒假生活，除了传统的作业布置之外，还有什么？今年的寒假生活，我们除了自主选择参加"寻梦行动——寻找心目中的理想学府"研学旅行活动、"春节特别作业"外，还有12项可供自由选择的活动内容，如生活技能类、体育艺术类、阅读提升类等。

寒假已过半，到目前为止，全班学生对大多数活动项目都有涉及，活动参与度最高的是生活技能类、体育艺术类、阅读提升类、实践体验类和学府考察类。开学初，我们将进行"你好，寒假！"的问卷调查后测，比照寒假前的生活计划，还有哪些没有达到预期。在学生寒假生活和学期初生活重建中，学生的生活技能得到锻炼、审美能力得到提高、人文素养得到提升、筑梦逐梦圆梦行动有了良好的开端。积极、快乐、有意义的寒假生活，带来的是身心的健康愉悦，"第四教育世界"使生命能量得到有效提升。

（二）儿童和成人在寒假作业中产生了多元互动

1. 寒假可以培育亲密关系，让儿童远离孤独感

2019年2月9日，杨同学和杨爸爸一起去惠南镇上的古钟园游历。时值立春，园中景色凋败，游客稀少，没有太多的兴味可以体会。但是，因为有了家人的陪伴和亲情的互动，"一切景语皆情语"，杨同学的《冬游古钟园》还是很有意境之美的。看到池塘边枯萎的荷叶，眼前浮现"留得残荷听雨声"的意境；此番游历，再次证明"梅花香自苦寒来"的坚忍精神。

2. 寒假可以培养自信，让儿童远离无力感

附：

2019年"你好，寒假！"问卷调查

在初中阶段的四次寒暑假生活中，你给自己在四次寒暑假生活中的表现和收获打几分？为什么？（"过年啦"主题活动、2017年"我的暑假我做主"、2018年"你好，寒假！"之君子文化的实践与探索、2018年"你好，暑假"之君子文化的实践与探索）

傅同学：

10分，2017年寒假，七宝老街，认识了解民俗文化，为自己点赞，满分。

10分，游泳、帆船、手工、航海日探秘、学习，我一直在进步，满分。

10分，竹之气小组活动，增进同学间友谊，值得，满分。

10分，"书香与我，一路同行"、天目山之旅，我在成长、在经历，满分。

曾同学：

8分，学会了仔细体会过年时的年味和气氛，更了解"年"。

7分，虽然每天都有规划和安排，但并不能保证每天都能按时实行。

7分，虽然没有参加班级组织的活动，但也去了许多风景优美之处，融入了自然。

9分，对绍兴不同的名人故居和当地特色有了更深入的了解。

康同学：

8分，逛城隍庙，贴"福"字，了解民族风俗。

9分，画画，剪纸，逛上海，刻橡皮章，做图书馆义工。

10分，兰之韵小组主题活动，游田子坊、城隍庙。

10分，去了天目和安吉。一路上，说说笑笑，十分有爱，像个大家庭。

陈同学：

8分，和外公外婆一起包饺子很开心。

8分，整个假期都过得很充实。

9分，梅之香小组探寻君子文化记忆深刻。

8分，梅之香小组去法租界探寻。

3. 寒假可以培养情绪康复力，让儿童积极面对困难和挑战

2019年2月1日，××逸同学趁寒假回到了西安老家，见到了一场久违的

大雪，在他的《下雪了》中，我们能感受到他在"精神家园"中感受到的自然之美、童年之乐和亲情之暖。

回到了老家，脱离了城市的枷锁，吸一口清新的空气，仿佛整个人都清醒了许多。一到房间中，一头扎进被窝里，舒舒服服地睡个大觉。

第二天早上，我睁开蒙眬的双眼，有气无力地望向窗外。映入眼帘的是一望无际的白色，我兴奋得一下子跳了起来。屋檐上、院子里、道路上到处都积满了纯白色的雪花。对于我这种生活在大都市的孩子而言，雪显得十分稀奇，但又十分熟悉。

我穿上了大衣快步走到院子内，又一步一步走到院子的中央，静静地听着雪花飘落在衣服上融化的声音。跟小时候的感觉几乎相同，只是雪已不再像以前一样多、一样洁白。五六年前，我曾站在同一个位置，第一次认识了"雪"这种东西。

小时候，一下雪我就和父亲堆雪人，父亲先把我裹得严严实实，自己却只穿一件破旧不堪的棉衣。接着，他拉着我小心翼翼地走进院子里。只见他拿起一个耙子，将积雪都堆到一个角落中。然后，我和父亲分头行动。我去做一个对我来说小一点的雪人头，父亲则做稍微大一些的雪人的身体。我戴着手套，感觉有些不方便。于是将手套扔在一旁，徒手堆起雪人的头。终于完成了，雪人的头好似一个巨大的贡丸。这时，我的小手已经冻得通红，父亲表现出慈爱的一面，责怪我不戴手套，担心我的手被冻坏。我将两个雪球叠在一起，又找来两个树枝做雪人的手臂。"大功告成！"我激动地大叫，可是总感觉少了些什么。这时母亲拿来了三个胡萝卜，组成了雪人的眼睛和鼻子。顿时，院子里充满了欢快的笑声。然而此时的我已经长大，已不再像小时候那样幼稚，也很少有机会像从前一样快乐地堆雪人了。我对当初也是充满想念。

这时，父母将我从幻想中叫醒，父亲说："呆愣在院子里干吗？快回来。"我急忙从院子中跑回。父亲为我拍打身上的积雪，母亲把我头发擦干。我望了一眼父母——时过境迁，唯有家中的爱始终不变。

4. 寒假可以培养健康行为，让儿童做健康的决定

附：

2018年寒假君子文化的实践与探索问卷调查（情况汇总）

1. 看电影（达92人次）

傅11次、杨2次、陈3次、曾4次、王6次、杨2次、易4次、康11次、陈8次、周3次、闵2次、刘3次、邢3次、刘4次、朱3次、范1次、王3次、尚5次、祝7次、奚7次。其中，看《寻梦环游记》5人次，看《神秘巨星》7人次，看《奇迹男孩》10人次。

2. 外出游历（达101人次）

傅6次、杨4次、陈3次、曾6次、王6次、杨5次、易4次、康5次、陈10次、周5次、闵1次、刘7次、邢6次、刘4次、朱1次、范6次、王3次、尚6次、祝8次、奚5次。其中，游历浦东图书馆9人次，游历上海图书馆5人次，游历上海书城4人次，游历田子坊9人次，游历城隍庙6人次。

3. 课外阅读（共110本）

傅22本、杨3本、陈3本、曾6本、王7本、杨9本、易4本、康6本、陈6本、周5本、闵8本、刘2本、邢4本、刘2本、朱2本、范3本、王5本、尚4本、祝5本、奚4本。其中，《狼图腾》和《城南旧事》的阅读率高达85.7%。

4. 坚持运动（共31项）

傅2项、杨1项、陈1项、曾1项、王3项、杨1项、易1项、康2项、陈1项、周3项、闵1项、刘1项、邢1项、刘2项、朱1项、范1项、王1项、尚1项、祝2项、奚4项。其中，坚持跑步10人、篮球3人、足球3人、乒乓球3人。

5. 印象深刻的事（共33件）

数压岁钱、看到火灾、堆雪人、看春晚、做汤圆、包饺子、给班主任打电话、踏雪寻梅、猜灯谜、在上海体育馆看球赛、和父母或朋友一起看电影、在菜地里躲猫猫、逛农展会、回老家、看见了家乡雾气蒙蒙的湖光山色、君子文化的实践与探索……

6. 美篇制作（美篇作品共38篇）

傅1篇、杨2篇、陈2篇、曾2篇、王1篇、杨5篇、易2篇、康2篇、陈3篇、周2篇、闵1篇、刘3篇、邢1篇、刘1篇、范2篇、王2篇、尚1篇、祝2篇、艾1篇、奚2篇。学生用投票的方式，选出他们印象最深刻的美篇作品和最喜欢的

寒假生活方式。

寒假生活中，学生反对睡懒觉，主张合理安排作息时间，选择正确健康的生活方式，过一个丰富又充实的寒假生活。寒假生活和学期初生活重建的创生、积淀和转化，促进七色花中队多元发展、幸福成长教育目标的实现。

············

笔者觉得"寒假生活和学期初生活重建"活动的开展，不但不会影响学习，反而会促进学习，也会促进身心健康。我们时值八年级，明年面临中考，照理应处于紧张焦虑期，但是我们班无论是学期还是假期，照例是学习、活动两不误，健康、快乐同发展。这也是笔者教书28年中，学生和家长各方面能力和素养提升最快的一届。我们班组织的寒假活动，因为经过了前期的问卷调查和分析讨论，大多能符合学生的心意，所以学生大多能积极踊跃地参加。活动感受和美篇作品的呈现，也有质的变化，甚至有时学生会倒逼老师去深入思考学生当前的需求和前瞻思考学生未来的发展。在这两年中，感觉工作很充实，活动有创意，在研究成果呼之欲出的时候，也很有成就感。所以，健康素养，源于健康的生活方式；健康的生活方式，源于积极的生活态度；积极的人生态度，源于人与人之间的互相影响；人与人之间的相互影响，在寒假生活和学期初生活的交往与体验中得以实现。

学生是家庭、学校、社区合作的主体，学生的健康需求和智慧发展是寒假生活重建的核心，给学生提供其全面发展需要的阳光、空气和水分，让梦想生长！

基于儿童立场的班级生活建设

如今，每读一篇优秀的科研成果，笔者都要静坐冥想：考虑这个关键词和那个关键词的区别，考虑不同学校、不同班级的生活建设差异，考虑变革性实践和研究性实践的不同，考虑借鉴和创新的联系与区别……太多的想法纵横交错在脑子里闪现，时而有一帧画面停住并且放大，时而无数帧画面连贯起来变成场景，时而没有画面空有无边的思绪。做、听、说、读、写，本来就是不可分割的整体。且听且说、且读且写、且做且思，是专业成长的不二选择。

读江苏省常州市第二实验小学前副校长袁文娟老师的《教育需要坚守"儿童立场"》，最大的感受是：大凡成功的教育，一定是"眼中有学生，心中有学生，行动有学生，发展为学生"的教育。袁校长9年的研究性实践，使她对儿童立场的内涵逐步清晰并形成学校教育实践转化策略，让人十分敬佩！

一、基于儿童立场，读懂学生的成长需求

之前，如果有人问笔者：你做班主任最大的优势是什么？笔者会毫不犹豫地回答：读懂每一个学生，为学生的个性化成长提供尽可能的服务。

读了袁校长的一段经历："在担任副校长前，我做过班主任、大队辅导员，自认为跟学生走得很近，但是一次与华东师范大学心理系李晓文教授交流时，她接连抛出的几个问题却让我不能自信地给出答案：你了解你的学生吗？你们学校（班级）和别的学校（班级）的学生有什么不一样？他们成长过程中有哪些烦恼和快乐？他们有什么成长愿望和需求？……"

笔者开始审慎地思考这几个于笔者而言也同样重要的问题。笔者试图回答这几个看似简单、实际复杂的问题。

1. 你真正了解你的学生吗？

了解，只停留在表面上。比如，笔者以为自己很了解某位学生，她阳

光开朗、积极向上、助人为乐、勇于承担，这一切是真的吗？接下来发生的事情让笔者大跌眼镜。在某一学科的学习活动中，她可以肆意破坏他人的学习活动，她可以去打、踢、拧同学，她可以在同学面前表现得变本加厉。是什么原因导致了"校园欺凌事件"呢？是学科老师不及时发现、不及时阻止？或是被欺负的同学一而再、再而三的宽容忍让？还是人性中既有善的一面，又有恶的一面？问她此事要不要反映给家长，她说可以；问她父母知道后会是什么反应，她说打；问被欺负的同学，为什么不及时告诉老师，她说跟老师说没用；问她为什么不拒绝暴力，她说怕失去友情，友情对其来说很重要。孩子心中的秘密、学生的成长需求，我们真的知道吗？真的了解吗？真的理解吗？我们是袖手旁观呢，还是需要做进一步的深入研究，多问几个为什么，多观察了解，多个别访谈，多正面引导？当他们的青春期萌动（懵懂）不期而至的时候，在他们面对眼前困难茫然无助时，让我们多一点理解、多一点帮助、多一点引导，这对他们健康、快乐、有尊严地成长来说是多么重要哇！

2. 你们班级和其他班级的学生有什么不一样？

我们班级的学生积极、阳光、热爱生活、迎难而上。这是比较笼统的说法，具体表现在：

七（1）班的每个学生都很有礼貌，在做志愿者的两天时间里，不管认识不认识的都会主动打招呼、不乱丢垃圾、对司机道谢等，虽然只是小细节，但可以看出素质和修养。有礼貌、有修养的人，不管走到哪里，大家都会乐意帮助……这个班级有很高的凝聚力，真的像一个大家庭。任何一个孩子中途转走都会让人不舍，所以孩子文字里最动人的是真情……（来自家长的评价）

例如，我们班级的研学旅行活动，每次活动的策划和实施都有小小的改进，进行美篇制作、查找资料做成景点导览、每人做10分钟景点介绍、进行活动方案设计等，在我带领他们进行几次研学旅行活动后，学生不畏困难，自发组织，甚至单独前往进行丰富多彩、由浅入深的研学旅行活动，每次活动都会有或多或少的进步与收获。（来自老师的评价）

小调查：我们班级的学生和其他班级的学生有什么不一样？

学生A：我们班同学没有"中二病"，没有叛逆期，我们班是一个团结友爱的大家庭。

老师追问："中二病"是什么意思，你能解释一下吗？

学生A：我感觉"中二病"指的是青春期少年特有的自以为是的思想、行动和价值观。因为我们班的同学都比较和睦，没有谁欺负谁或者谁说了算，没有自以为是，认为自己说的都是对的，所以在我看来我们班都是比较乖的孩子。

学生A：老师，我查了一下，然后又想了一下，我要补充。现在社会中家长工作繁忙、遭到同学们孤立、不被社会所认同（或者自以为是）往往成为诱发"中二病"的主因。快节奏的生活加上冷漠的环境，重压之下，越来越多的青春期少年开始在网络中寻找自我价值，沉迷于虚拟世界而无法自拔，渐渐与社会脱节。我们班虽然有一部分同学喜欢打游戏，但是没有沉迷，最起码可以控制自己，所以我们班的同学还是和其他学校、其他班级的同学有不同的地方。还有就是老师对我们一视同仁，没有把我们区分好坏，不管成绩好还是坏，都是找我们身上的亮点，从而鼓励我们健康成长，这个应该是很多学校的同学没有的，所以我感觉在我们学校、我们班，我是幸运的，也是幸福的。

学生B：有很强的组织能力和团队意识，且有极好的家庭教养，懂礼貌，顾大局。两年相互陪伴的时光，让我们懂得珍惜眼前人、眼前事，珍惜友谊。每个人都有自己的不平凡之处，让本来平凡无趣的时光变得可爱、生动，永远不会担心和同学在一起没有话题聊，而且比关心自己更关心身边人。互帮互助，总是先想到解决别人的困难。

学生C：更团结，而且很乐于助人；活泼，参与活动很积极；很乐观，勇于尝试；多才多艺，我们的七色花中队有一股凝聚力！

学生D：在拔河的时候，互相商量，每个人都献计献策，团结一致，都会为班级献出一份力。大家学习时沉浸其中，玩耍时解放天性。这是我们班和别的班不一样之处。

学生E：我们班的学生都很团结，比别的班级和谐，女生不会因为体育节男生表现不佳而像其他班的女生那样去责怪男同学。（来自学生的评价）

3. 学生在成长过程中有哪些烦恼和快乐？

六年级时，他们最大的烦恼是"和同学相处"，因为来自各个不同的学校，彼此需要认识、了解、理解、接纳，有时难免会产生矛盾，会成为他们成长期的烦恼；七年级时，他们最大的烦恼是"心有余而力不足"，随着学习难度的加大、学习要求的提高，有的学生显得力不从心，再加上如果小学没有养成良好的学习习惯和思维品质，就会有自我放弃的可能；八年级时，他们最大的烦恼是"青春期交友"，有的学生交往能力强，但是有的学生交往能力弱，他们想拥有一两个知心好友的心理需求得不到满足，会成为他们的烦恼；九年级时，他们最大的烦恼是"升学的困扰"，面对第一次人生选择，选择和被选择都是一件让人烦恼的事。这样说，似乎犯了经验主义和主观臆想的毛病。不做调查、不做访谈，没有数据、没有样本，怎么给学生的烦恼下定论？而且，"一年一个样，三年大变样"，每一届学生的情况都大不一样；"世界上没有两片相同的叶子"，世界上也没有两个相同的学生；"成长有时是一瞬间的事"，所以，学生的昨天、今天和明天，他们的烦恼都不尽相同。烦恼如此，快乐也一样。千差万别，需要长期不断地观察思考，用科学的方法进行检测评价，用走进学生内心深处的方法，去了解学生的个体差异。

4. 学生有哪些成长愿望和需求？

他们普遍需要尊重、信任、理解、帮助等，他们不希望老师拖堂、任意占课、布置很多作业、体罚或变相体罚等。这似乎又犯了经验主义、主观臆测的毛病，看来得在开学后做一份问卷调查，详细了解学生的真实情况而非假想情况。

之所以这一切都浮在表面上，是因为笔者还没有真正读懂学生，读懂他们的成长需求。袁校长9年的研究性实践经历告诉笔者：学校教育唯有承认学生的独立性和独特性，站在儿童的立场看待儿童的教育和发展，才会尊重学生做出的决定和选择，理解学生的言行，并与之产生思想和情感的共鸣。儿童立场的确立与坚守，不能仅存于文字中，需要化成学校教育的内在构成和教师的教育行为。

所以，教育应该本着实事求是的原则，不能"我以为""想当然""凭想象"，而应接地气，多深入学生的生活，多研究学生的群体和个体，了解他们的成长需求。我们只有主动走进学生的心灵，参与创生学生的班级和学校的日常生活，与他们站在同一视角去看待周围的事物，才会尊重学生做出的决定和选择，理解学生的言行，与之产生思想和情感的共鸣，学生才会"亲其师，信其道"，并进入教育的最佳境界。

二、基于儿童立场，设计学生的成长活动

一是践行儿童立场之"根"，读懂学生的成长需求。从寻常的教育现象中发现其内含的成长问题，从不同寻常的教育现象中读出学生的成长需求。二是坚守儿童立场之"魂"，教育面向每一名学生。以学生发展为出发点，根据不同年龄段学生的成长需求和同龄学生之间存在的个体差异，设计不同的实践活动，使每一名学生都有机会参与。三是坚持儿童立场之"体"，活动丰富学生的童年。把"玩"的权利交还给学生，让学生放开手脚，玩出新意、玩出水平。

1. 满足学生怎样的成长需求？

来自不同地区、不同家庭的学生成长需求不一样；不同年龄段的学生成长需求不一样；不同的学生在不同成长阶段的成长需求不一样……"成长需求"是个动态变化的词汇，需要我们一方面透过学生作品如作文、绘画、剪纸、舞蹈等，努力解读学生的所思所感、所作所为；另一方面通过观察记录、问卷调查、个别访谈等多种形式，聆听学生的倾诉，并在与之平等的对话和交流中，从成长与发展的角度认识、体悟当前学生的成长。

结合学校的办学理念，满足学生的真正需求，促进每个学生走向美好，使他们能找到最好的自己。班级活动的设计、实施、评价、反思、改进、提升，都以人为本，以学生发展为本，满足学生的成长需要，促进学生的生命自觉。

2. 教育怎样面对每一名学生？

目前，教育的定位应体现出以下内容：我们的教育努力从关注个别学生转向关注全体学生，从关注抽象学生转向关注具体学生，从借鉴他人理论、观点转向具体研究本班级学生，从相对单一的研究视角转换到综合性的研究视角。

以前，笔者比较关注班级里的特殊学生。他们或学习困难，或行为偏差，或家庭特殊，但是有一阵子笔者发现，人的精力是有限的，这方面放得多了，那方面就放得少了。如果把50%的精力放在个别特殊学生身上的话，对于其他学生而言是不公平的。所以袁老师提出的"关注全体学生""关注具体学生""具体研究本班级学生""综合性的研究视角"等引发了笔者的思考。学生是班级里的学生，个体的成长带动班级的进步；同样，班级是每个人的班级，班级的提升促进学生的成长。所以，两者不可偏废。把学生的个

体成长寄寓在班级文化的整体构建、顶层设计、分步落实、关注全体的基础上，促进每一个学生的全面、健康、可持续发展。

3. 活动设计可以有哪些样态？

笔者在一位名班主任的经验介绍中了解到有关优秀班集体的参考标准：有积极向上、生命勃发的学生，有认真敬业爱护学生的老师，有安静整齐温馨的学习环境，有稳定而健全的班级管理团队，有能激活学生生命的班级文化，有热爱学习的整体氛围，师生关系和谐，班级内部无欺凌，有健全的常规考核并获得较好的成绩。优秀班集体的评价标准是建立在学生个体状况、师生关系和生生关系状况、学生发展状况的基础上的，任何离开了学生的教育都是无意义的。

坚守儿童立场的活动一定是基于学生需要的，他们集体认可的，对他们的个体性成长、社会性成长有帮助的活动。

我们班级在"建班育人"的两年中，从"架起家校合作桥梁，共谱青春成长序曲"到"美化教室环境，优化育人氛围"，"家长智慧课堂"之"我的成长故事分享""遗传密码""我和我的家庭""青少年皮肤病的预防和治疗"，"节假日活动"之"'十一'长假怎么过""2017中国年，我们这么过""端午节，我们这么过"，"班级特色活动"之"寻访名人故居""探寻绍兴文化之旅""寻根问祖活动""天目之旅""安吉之行"等，正一步步循着成长需求、学生喜欢、家校合作、共同成长的理念，扎扎实实地走在改变生命状态、激发学生能量、促进学生社会性成长、提高生命质量和幸福指数之路上。

三、基于儿童立场，欣赏学生的成长变化

花时间和精力去研究自己的学生，把握不同年级学生的年龄特点及成长需求，将学生当下的认知、情感、思维方式、行为方式作为学校教育活动的起点，成了教师们确定不同年龄阶段学生不同的发展目标，寻求适合自己学生的教育内容和方式，提升教育教学活动策划、预设的针对性和有效性的有效参照。

两年的"建班育人"过程不可谓不艰辛，过程中有为处理学生打架伤神，有为班级活动设计劳心，有为班级面貌的整体改善欣喜，有为班级学生的快速成长高兴。教育需要坚守儿童立场，在学生逐渐学会自主选择、自主

管理、自我约束、自我实现的时候，教师需要优雅地退出，做学生成长道路上的旁观者，而非当事人。在学生成长的过程中，过分参与变成了剥夺学生独立成长、自由发展的权利，所以"岗位坚守"变成了"优雅退出"，这是班级生活中的民主管理又迈出了关键性、实质性的一步。

四、基于儿童立场，尊重学生的成长选择

学校教育唯有承认学生的独立性和独特性，主动走进学生的心灵，才能找到蕴藏在学校教育中的宝藏——学生内在的发展资源。对于儿童立场的确立与坚守，不能仅仅存在于文字之中，而需要化为学校教育的内在构成，化为教师的教育行为，其多维转化的过程才是儿童立场的力量生成过程。

以前，曾有学生误解，老师努力转化学困生和行偏生、想方设法创设成长情境、绞尽脑汁设计班级活动、积极进行班级特色文化创建、努力争取区级或市级优秀班集体荣誉称号是基于"老师需求"。现在，回想起来，学生有学生的价值判断，我们不能说他的想法完全没有道理。以学生的眼光，做学生的判断，这本身就是一个客观真实的评价标准。问题可能出在师生沟通不够，教师主观意识强烈，包办代替的做法让学生不服气、不接受、不认可。所以，基于儿童立场，蹲下身子，倾听他们的内心需要；走近心灵，了解他们的兴趣选择；目光一致，成全他们的成长愿望。

人是一种生命的存在。叶澜教授认为："学校教育是直面人的生命、通过人的生命、为了人的生命质量的提高而进行的社会活动，是以人为本的社会中最体现生命关怀的一种事业。"如果说学校教育是启迪人的智慧、陶冶人的情操、挖掘人的能量、成全人的心愿的系统工作，那么班级建设应当是基于生命个体的成长需求、班级发展的共同愿景而做出的低下头、俯下身的努力。

下篇

德育研究

　　课堂是育人的主渠道。学生成长是一个渐进过程。基于儿童立场和学情分析，挖掘学科教育资源，注重道德实践和情感体验，在课堂教学和学习活动中，重构认知方式，形成思维品质。链接真实的教育情境，把书本知识和生活经验进行深度融合。走进内心世界，解读心灵密码，促进全面育人目标的达成。

第一章 学科德育研究

语文教学内容的情感性处理策略实例研究

　　苏联著名教育家苏霍姆林斯基在《帕夫雷什中学》一书中曾这样大声疾呼："我一千次确信：没有一条富有诗意的情感和审美的清泉，就不可能有学生全面的智力发展。"以罗杰斯为代表的人本主义教育思想家更是强调个人对学习的喜爱情感在学习中的重要性，"唯有自我发现及自己喜好的学习才会有意义地影响个人的行为，也因此才可以称为学习"。苏联教育家赞可夫在《教学与发展》中更为明确地指出，"我们要激发学生的独立探索的思想，而这种思想又是跟活生生的情绪有机地联系着的。好的情绪使学生精神振奋，反之则会抑制他们的智力活动""扎实地掌握知识，与其说是靠多次的重复，不如说是靠理解，靠内部诱因，靠学生的情绪状态达到的""教师在自己的实际工作中，就应当直接地依靠甚至利用这些情绪体验，以便使学生有效地掌握知识和技巧"。

　　不同的说法却围绕相同的主题："以情优教"是发展学校教育的有效途径。教师只有灵活操作各种教学变量、积极创造条件、完善教学目标、改进教学的各个环节，才能促使情感朝着有利于充分发挥教学潜能、优化教学效果的方面发生作用，力求形成以情促知、以知增情、情知互促并茂的新格局，以最终实现作为教育者的人对作为受教育者的人所应实施的真正意义上的教学——情知和谐统一的教学。

　　下面以《斑羚飞渡》一课的教案为例，对初中语文教学内容中的情感性处理策略做实例研究，以期从情感维度对教学内容进行加工处理，使学生不仅能够接受教学内容，而且乐于接受教学内容，并在接受教学内容的过程中获得积极的情感体验，从而真正得到情、知两个方面的和谐发展。

附：

《斑羚飞渡》教案

一、教学目标

1. 认知目标

（1）发现文中的关键性语句，并体会它们在表情达意上的作用。

（2）认识生命的崇高和伟大。

2. 情感目标

（1）在学习的过程中获得多方面的情感体验。

（2）学习老斑羚舍身成仁，用生命换来小斑羚新生的崇高品质。

二、任务分析

1. 起点能力

本节课之前，学生对抓住文中关键性语句、准确把握文章主题已有所了解，但并不能切实掌握。

2. 分析

学生对学会学习重视不够，经常流于被动地接受，对于语文学习方法中一些规律性的东西缺乏认识，因此本堂课主要以实施语文课堂教学内容中的情感性策略为主，对教学中的各种认知性操作进行加工处理，以充分发挥情感因素的积极作用，进行知识巩固和情感陶冶，真正达到优化教学效果的目的。

三、教学过程

1. 导入

自从呱呱坠地，我们便拥有了生命：

第一次跌倒后自己爬起来，

第一次帮助他人后得到感谢，

第一次因为感动而落泪……

我们便对生命有了感悟：

人生应该保持_____，

人生应该学会_____，

人生应该体会_____，

···········

请问：在你的人生道路上，还有哪些经历及感悟？

（认知匹配策略：主要用以调整学生的学习心态。教师在教学内容不一定符合学生需要的情况下，导入新课时以生动的、富有哲理的语言创设某种学习的情境，让学生在思索感悟的同时激起对教学内容的兴趣，提高学习的积极性和主动性）

2. 三读课文

用袁利荣在《读书三境界》中的一"吞"（"吞"其文字）、二"啃"（"啃"其新意）、三"品"（"品"其韵致）的阅读心得学习《斑羚飞渡》。

（形式匹配策略：求知兴趣的首要源泉和头一个火星，包含在教师对课堂教学内容所采取的处理方法中，"一吞、二啃、三品"的学法富有新意、不落俗套，为课堂笼罩上了一层神秘的色彩，学生乐于接受不断变化的教学形式而并非一成不变的教学模式）

"吞读"：

（1）教师声情并茂地范读课文。

（2）学生用一句话概括出文章内容或主题。

（展示情感策略：教师在范读时，根据作者的感情变化调整语音的强度和声调的高度，注意语调抑扬顿挫、轻重相间，语速快慢适宜、疾徐相间，语气带有鲜明的感情色彩。一言以蔽之，范读时尽量在语音、语调、语速和语气中读出情调、情味、情趣，让教学内容中所蕴含的显性情感因素得到尽可能的展示，从而使学生获得相应的情感体验）

"啃读"：

（1）找出文中的关键性语句，并体会其在表情达意上的作用。

（2）小组交流讨论，深入理解语句的表达作用，感受生命的非凡意义。

（发掘情感策略：利用情感的迁移功能，对教学内容所蕴含的情感因素进行加工提炼，由对认知学习中关键性语句的捕捉转化成对语句在表情达意上的作用的理解，有助于更好地领会生命的伟大和奉献的无私等高尚情感，达到震撼心灵、陶冶情操的目的）

"品读"：

（1）领悟字里行间的文字魅力，并用恰到好处的语言表达作者的思想感情或自己的内心感受。

（2）体会老斑羚在死亡面前大无畏的英雄气概和"把生的希望留给了下一代，而把死的威胁留给了自己"的舍身成仁的崇高精神品质。

（诱发情感策略：在字里行间的品读中感受作者的情感，这是以情促知；深化作者的情感并把它领悟成自己对文章内容的理解、对高尚情操的体会和感悟，这是以情冶情。让学生对教学内容中所蕴含的情感因素尽可能地内化，从而获得相应的情感体验）

3. 动画欣赏

要求：用一句话说出你在看了此片或读了此文后的感受。

（超出预期策略：高尔基有句名言，"惊奇是认识的开端和引向认知的途径"，用出奇制胜的方法使教学内容的处理远远超过学生的预期，动态地展现"狩猎队员把一群斑羚逼上绝路——一只斑羚奋力起跳却坠落山谷——镰刀头羊沉着指挥斑羚飞渡——小斑羚踩在老斑羚背上实现了生命的飞越——悬崖之间出现了一道完美的七色彩虹——镰刀头羊头顶迷人光晕，消失在一片灿烂之中"等生动画面，激发学生的学习兴趣，"如见其羊，如闻其声，如临其境"，切实感受老斑羚的英雄无畏和死而无憾精神）

4. 能力迁移阅读：《生命的牵手》

要求：

（1）初步掌握阅读方法：先"吞"，"吞"其文字；再"啃"，"啃"其新意；后"品"，"品"其韵致。

（2）抓住文中的关键性语句，分析其在表情达意上的作用。

（3）进一步理解生命中的感动，领悟真情的无私和伟大。

（如果说前面部分是在以情促知上做文章的话，那么这一部分则是充分考虑到语文教学中以知增情、情知互促并茂后对培养学习心向和乐学情操方面所起的作用，将情感作为手段优化教学，达到情知和谐统一的目的）

四、效果与体会

正如美国教育心理学家、认知心理学家布鲁纳所说："学习的最好刺激乃是对所学材料的兴趣。"教学内容本身及其呈现方式是引发学生学习内在动机的最重要因素。由于在备课的过程中充分考虑到要调整学生的学习心向，刺激他们的学习兴趣，激发他们的学习热情，丰富他们的情感体验，达到以情优教的目的，所以在教学内容的加工处理上较多地采用了情感性策略，如认知匹配策略，调节学生需要；形式匹配策略，改变教学形式；超出预期策略，调动学习兴趣；展示情感策略，情绪感染学生；发掘情感策略，增加情感体验；诱发情感策略，陶冶学生情操，等等。整堂课一改以往传统教学中的沉闷现象，变教师的教为学生的学，变被动为主动，变接受为参与，因此气氛非常活跃，学生参与率明显提高，即时教学效果显著。这堂课让我联想到，课堂就像一个舞台，教师在为舞台创造艺术效果的同时，也在潜移默化地感染学生的情绪，促发他们的情感，陶冶他们的情操。学生的学习行为是可塑的，关键是教师要充分利用情感手段，来深度挖掘教学潜力，促进学生素质的全面发展。

选择"舍弃"还是"继续"

——在预设与生成中寻找联结和平衡

新课程改革提倡教学中关注学生的感受,让学生独立地说出自己的见解,这已成为课改中一道亮丽的风景线。然而,新的问题也由此引发,当学生对某一问题的见解纷繁复杂,而且"公说公有理,婆说婆有理"时,教师该怎么办?是舍弃原来的教学计划,对问题做进一步的探讨,还是继续教学计划,完整地呈现教学预设?对这个问题探讨的意义,不仅在于问题在课堂上如何解决,更重要的是重建新课程的教学策略,推进课改。

曾经,笔者在校际教研活动中进行了一次以课例研究为内容的教学实践。在选择用什么教学内容作为教学材料时,被一篇外国小说《圣诞节的鲜花》深深地吸引住了。小说塑造了一位既快乐了自己又快乐了别人的水兵形象。这让笔者联想到在我们周围,不乏一些怨天尤人、被消极心态笼罩的人,我们的学生也或多或少受到了这种情绪的感染,变得自私狭隘起来。心中容不下他人是人际交往中不容忽视的问题。笔者想以水兵的形象教育学生:生活中,要学会奉献爱心、播撒欢乐,使自己的心灵充满阳光。

在设计教学的过程中,笔者考虑较多的是学习方法的指导。教育家陶行知先生说过:"教,是为了不再需要教。"可怎么教才能让学生在小说阅读中得到笔者所希望的启发呢?于是笔者着手在小说的学法方面查找资料。功夫不负有心人,终于找到了小说阅读的两种方法:一种是从小说的三要素入手,另一种则单从小说的人物形象分析入手。考虑到学生平时看了不少小说,可真正的学法指导却不多,于是笔者选择从小说的三要素入手作为学法指导的依据。

第一次课上笔者先提了一个问题:今年的圣诞节你是否快乐?答案不出

所料，绝大部分学生都说不快乐，原因多种多样，但其中最重要的一条是他们心中本来就没有什么快乐。于是笔者建议大家到文章中去寻找快乐。在预先设计的学法指导中，有分析人物描写，把握人物形象；有捕捉情节发展，理解作品主题；有感知环境描写，深入理解作品。学生在课堂预设的逐步推进中，自然而然地进入情境，甚至有学生在学习的过程中情不自禁地提出问题：两朵花只需两个法郎，为什么美国水兵却给了卖花的老太太20法郎？根据文章的内容，把题目改为《圣诞节的礼物》会更合适，为什么本文却题为《圣诞节的鲜花》？文章结尾出现的"圣诞精神"是什么意思？……提问很有水平，回答也愈见精彩。显然，学生对这堂课、这篇文章、这种学习方法已产生了浓厚的兴趣。他们或拧眉沉思，或积极亢奋，连一些平时课上做袖手旁观状的学生也都跃跃欲试，课堂气氛非常活跃。

课后，我们教研组的所有老师围坐在一起，就教学设计的问题和改进措施等方面进行了深入而又细致的讨论。老师们对教学中的学法指导、师生间的互动给予了充分的肯定。有位老师说：这节课也像是一篇小说，在不经意间开头，随着教学的逐步深入，不时会有高潮迭起和意外发生，最后一问"你快乐吗？快乐从何而来？"使课堂在耐人寻味中结束。同时，老师们也指出了不足和改进的措施。例如，老师不必过多地重复学生的回答，这样只会使学生的学习主动性受挫；另外，学法指导之后最好能进行能力上的迁移，真正达到学以致用的目的。所以，最后的意见统一在增加教学环节上，为了能让学法指导在学习实践中得到进一步有效的巩固，建议另外补充一篇文章来实施能力迁移的训练。于是，笔者找来了《赐予的快乐》这篇文章，感觉题材比较相似，学生应该有话可说，而且预想中实现能力迁移的难度也并不大。

第二次课上笔者以"什么时候你会觉得快乐"导入，课堂教学进行得还算顺利，当教学涉及"捕捉情节发展"这个环节时，情况发生了戏剧性变化，学生的意见相持不下，且都据理力争。这个教学环节用去了五六分钟，学生还没有想打住的迹象，笔者有点着急了，如果继续在这个问题上争论下去，会影响教学进程。于是笔者简略地说出了自己的意见，使课堂教学按原计划继续下去。

可是笔者只能截住话题却并不能截住学生的思想，在接下去的学习过程中，发现有些学生的学习心向发生了细微的变化，他们似乎还沉浸在上一个教学环节当中，甚至有学生小声嘀咕："我觉得还是该这样划分。"

舍弃原来的教学预设，重新调整教学计划，对笔者来说是需要很大的勇气和智慧的。因为这是一堂公开课，笔者得保持教学的完整性，所以在刹那间笔者选择了继续。由于前一环节教学用时上的拖延，再加上另一段材料在难易度上也存在太浅显的问题，所以教学效果并不理想。

在课后交流中笔者谈到了自己的困惑：在前一次上《圣诞节的鲜花》时，学生的回答与笔者的设想基本相同，今天怎么会出现四五种划分意见？新课程改革提倡学生主动学习，提倡保护学生的学习积极性，然而，碰到这种情况该怎么办？是舍弃原来的教学计划，把讨论进行到底，还是姑且完成本课的教学任务，问题留待以后做进一步的探究？请各位老师帮忙出出点子，想想办法。听课老师脸上也露出了疑惑为难的神情。

教研员发表意见说："如果我来上这堂课，我会让学生自由讨论，不一定非得有一个统一的答案。问题的关键不在于让学生知道结果是什么，而在于让学生明白孰是孰非，在讨论的过程中形成对情节划分的认识。"末了，他不忘补充一句："不过，这只是我个人的看法，不一定对。"很多老师都赞同他的看法，笔者也觉得此话有道理。

虽然教研员给了笔者学会舍弃的思想，可是笔者仍不明白的是，当预设的教学被生成的问题打乱时，教师到底应该采取怎样的教学策略？换句话说，以后再碰到这种情况，应该怎样教学？这个问题一直困扰着笔者。

正当笔者绞尽脑汁，百思不得其解时，意外看到了一篇教学经验类文章，它为笔者指点了迷津。文章中说：一些名师在这种情况下，往往会追问学生划分的依据是什么，然后根据学生的回答，在黑板上一一列出学生划分情节的不同依据，并进一步引导学生在"划分的依据"上展开讨论，为情节的划分找到法则层面上的指导，为情节划分的一致性找到理由和根据。文章还说：这种在高一层面上讨论情节划分的依据的教学策略，对于解决"学生回答有异"的困境无疑是一种有效的探索。

紧皱着的眉头舒展开了。笔者进一步学习课改理论，在有关教学预设和教学生成的章节中，终于找到了答案。此次课堂实践中暴露出来的问题，不正是教学预设和教学生成之间的矛盾没有得到有效解决而造成的吗？既然放手让学生自主进行学习，就必然会出现各种不可预设的教学生成。

面对这种情况，首先，教师应该解放思想。"放下包袱，才能开动机器"。虽然这是一次公开课，课的高下好坏可能会影响对课的质量的评判，但如果从实践课的角度看，在实践中发现问题未必是坏事。要是在平时，笔者很有可能会选择"舍弃"，因为教学计划是人为的设计，既然情况发生了变化，就应该顺时而变，更何况教学的目的是让学生得到发展。再说，教学又何尝不是在经历无数次的失败之后，总结经验教训才得到提高的呢？

其次，在"教"与"学"这两者中，"教"是服务于"学"的。教师之所以教，不是因为教师满腹诗书无处倾吐，而是因为学生囫囵吞枣需要指导。帮助学生整理出学习的头绪，让他们明确学习的重点，使他们掌握学习的方法，然后达到举一反三、触类旁通、学以致用的目的。教学是为了满足学生的需要，假如课堂中学生需要捕捉情节发展的能力，你硬要给他来个分析环境描写的作用，这岂不是给了他所不要的，而不给他想要的吗？是"授之以鱼"，还是"授之以渔"？虽然这节堂课笔者无论是选择舍弃还是选择继续，都在"授之以渔"，但是"捕鱼"的方法多种多样，传授"渔技"还得考虑时机，所以满足学生的学习需要是教学中必须明白的一个道理。

最后，课堂教学中的预设性与生成性是一对矛盾。生成性是新课程改革的重要特征，但教学是有目的、有计划的活动，教学必须具有一定的预设性。应对生成，需要教师的智慧和艺术。应对生成性的教学策略的构建，无疑为丰富新的预设提供了基础。笔者所经历的困惑正是由于在探索新课程的教学时，原有的教学模式受到了质疑，所以尝试着改变原有的教学方法，但新的教学模式还未建立起来，因此在旧模式废除到新模式建立的过程中，经历了一番阵痛。这种阵痛犹如春蚕蜕皮，犹如婴儿新生。

课堂是实践的课堂，也是师生共同成长的场所。此次实践，笔者不仅明白了"该舍弃时不回头"的道理，还懂得了课堂教学虽有章可循，但也要大胆突破、勇于创新。在探索中求得发现和发展，是教师工作永恒的主题。

在互动学习中感受语文

以往的教学把传承知识作为主要目的，这种理念已远远不能适应当今社会的发展。现代社会是科学技术迅猛发展的信息化社会，要求个体能主动摄取最有用的信息；现代社会是文化多元、环境复杂的社会，要求人们有独立的思维能力。也就是说，弘扬人的主体性是时代发展的主旋律和时代精神的精华，培养学生的主体性已成为历史发展的必然。因此在课堂教学过程中，让学生成为教学的主体已成为现代教学改革的重点。

此外，后现代教育观认为，课堂教学的本质是对话、交流和沟通，是师生以教育资源为中介的相互影响的过程，是一种特殊的人际交往活动的过程。自主互动教学模式就是以此为指导思想而构建的。

自主互动教学模式是以学生自主学习能力及与他人合作交流能力的培养为基础，以学生创新素质和实践能力的提高为最终目的的教学形态。自主互动教学模式由自主性学习、互动性学习两类相互依托、相互融合、相互作用的学习活动形态构成。自主性学习是实现互动性学习的前提，是互动性学习顺利展开的保障；互动性学习使自主性学习所获得的知识能够得到充分的展示与再建构，是自主学习成效的进一步体现。

自主就是让学生真正成为教学的主体，也就是让学生积极能动地参与教学活动，积极主动地进行学习实践活动。让学生真正成为教学主体，不仅指教学的目标是增进学生的主体性，更指教学过程随着学习内部矛盾展开，是学生自我教育、自我活动和自主发展的过程。

互动是指把教育活动看作生生之间、师生之间进行的一种生命与生命的交往、沟通，把教学过程看作一个动态发展着的教与学统一的交互影响和交互活动过程，在这个过程中，通过调节师生关系及其相互作用，形成和谐的师生互动、生生互动、学习个体与教学中介的互动，以产生教学共振，达到提高教学质量、促进学生发展的目的。

自主互动教学模式的教学目标是开发和提高学生学习的主动性，提高课堂学习参与率，改善语文课堂学习效率。下面以八年级语文课《海水为什么是蓝的》为例，谈谈互动学习在培养学生语言交流能力、收集处理信息能力、互相协作能力、自主学习能力等方面的作用，充分开发学生潜能，提高学生感受、体验、锤炼、运用语言文字的能力。

一、案例呈现

1. 话题互动

上课前，教师询问："你们喜欢大海吗？"学生一："喜欢，因为它广阔无边，能让人心情舒畅。"学生二："喜欢，因为大海里有着无穷的奥秘。"学生三："喜欢，因为大海变幻莫测，时而平静，时而波涛汹涌。"学生四："我喜欢大海上漂着一艘小船。"学生五："喜欢，因为很多童话都和大海有关。"学生六："喜欢，因为大海的蓝色为它增添了许多神秘的气息。"……

教师在学生回答问题的过程中，或顺藤摸瓜，引出《海的女儿》等；或因势利导，提问海面上飘着一叶小舟，这样，画面是否会更生动；或导入课文《海水为什么是蓝的》。

教师的随机应变使课堂充满了轻松、愉悦的学习气氛。学生在不知不觉中进入了文本学习的情境，一切因为自然而和谐，一切因为和谐而亲切。

2. 朗读互动

因为这篇文章是集记叙、说明、议论于一体的科学小品文，所以学生对阅读重点的把握有一定难度。教师采取分工合作的方式让学生初读课文。文中涉及三个人物对话，分别是男孩、母亲、拉曼，人物采取分角色朗读的方法；其中1～9节的旁白以及17～18节采取齐读，10～15节以及16节采取学生甲、学生乙朗读的方法。读时思考：老师为什么要这样安排朗读？

朗读后，教师除了肯定齐读时"众人拾柴火焰高"之外，对朗读中的错误，师生共同发现、纠正；在回答问题时，因为学生面有难色，所以老师让学生组成学习小组共同探究，接着按座次回答问题，在学生的回答中初步概括出偶遇、怀疑、探究、启示等主要内容，并且区分出表达方式运用上的不同之处，达到梳理文章思路、整体感知课文的目的。比较以前学过的《松鼠》，属于记叙、描写相结合的科学小品文；比较《旅鼠之谜》，以记叙的框架、对话的形式，对事物特征进行科学说明；小结《海水为什么是蓝的》是集记叙、说明、议论于一体的科学小品文。

3. 游戏互动

本文最难解决的问题是对"海水为什么是蓝的"的科学解释。因为涉及一些科学术语，如涨落理论、拉曼效应、光的粒子性学说等，对于初中学生来说，正确理解科学概念可能会有一点难度。因此，除了肯定学生在文中找到的关键性语句之外，教师还精心设计了一个游戏。

游戏的过程是老师拿着一柄蓝色的伞，停留在60厘米左右的高度，请两个高个子、两个矮个子学生分别拿着代表光线中的红光、黄光、蓝光、紫光的彩色蜡光纸，询问学生："老师手中的伞代表一种阻碍，你们看到阻碍后的第一个反应是什么？"高个子男生手拿红纸、黄纸，迟疑了片刻，一跃而过；矮个子男生手里拿着蓝纸、紫纸，犹豫再三，进退两难。教师于是把蓝色的伞打开，询问学生："这个游戏告诉我们什么？"学生终于明白，原来红光和黄光由于波长较长，就像长了一双长腿，遇到障碍，很快就被吸收，海水温度因此升高，加速了蒸发；而蓝光和紫光由于波长较短，就像长了一双短腿，遇到障碍，四处逃窜，海水因为蓝光、紫光的反射、散射而呈现出蓝色。此时，好问的学生提出，那么海水为什么没有紫色的呢？这个问题问得恰到好处。教师让矮个子的两位学生举起蓝纸和紫纸，问学生："当两种光同时出现的时候你会先注意哪一个？"学生齐答："蓝色。""为什么？""因为蓝光的光波相对较长，而紫光因为光波短而很容易被人眼忽视。"看得出，学生对游戏比较感兴趣，对游戏得出的结论也比较感兴趣。教师小结："相信拉曼的科学解释以及游戏的生动演示一定让你们明白了海水呈现蓝色的原因了吧。"学生满意地点点头。

4. 分析互动

"瑞利提出大海呈现蓝色是因为反射了天空的蓝色以后，几乎所有人都认同这一解释"，句中的"几乎"能不能去掉？学生很容易就能说清楚，"几乎"表示差不多的意思，说明大多数人都认同物理学家瑞利的解释，而并非全部。

拉曼作为训练有素的科学家，为什么对此还心存疑惑呢？因为他在男孩身上找回了曾经丢失的好奇心，于是他不局限于前人的解释，在他人的已知中发现未知，从而在科学领域有新的发现和发展。

他的发现对科学的发展起到怎样的推动作用？他为20世纪初科学界最终接受光的粒子性学说提供了有利的证据。

看来，好奇心对于科学的发现和发展真的非常重要。

约里奥·居里和李比希与科学发现擦肩而过的原因是什么？因为"轻言"和"轻率"。根据语言环境理解什么是"轻言"，什么是"轻率"。"轻言"就是轻易、不假思索地说出；"轻率"就是不够慎重、马虎草率的意思。他们一个骂自己"愚蠢"，另一个把标签视作"耻辱"。从这两个人物身上，我们可以得到怎样的教训？科学需要好奇心；好奇心能使人从已知中发现未知，从未知中获得新知。请问：好奇心是年轻人的专利吗？不是的。不管小孩老人，还是男人女人，都应该对科学产生好奇。这样，人类的科学才会有更多的发现，人类的科学事业才会更快更好地发展。

5. 拓展互动

（1）除了拉曼以外，世界上还有谁也是因为好奇而走上科学之路的？

学生一：牛顿，因为对苹果落地产生好奇，创立了万有引力学说。

学生二：瓦特，因为对壶水沸腾产生好奇，发明了蒸汽机。

…………

教师：很多时候，我们都是因为漠视周围的一切，缺乏好奇心，而错过了一次次与科学结缘的机会。

（2）除了好奇心之外，科学的发现与发展还需要什么？

学生一：深入探究的精神。

学生二：谦虚谨慎的态度。

学生三：丰富的科学知识。

学生四：坚持不懈的品质。

学生五：细致的工作方法。

…………

教师：没有人生来就是科学家，只要我们拥有一双敏锐的眼睛，一个充满智慧的脑袋，怀着好奇之心，不断深入探究，就能在科学领域有新的发现，从而推动科学事业向前发展。

二、案例体现的积极意义

上述案例，正是基于以人为本的德育核心理念，把学科教学和德育思想有机结合起来，于无形、无声之中渗透对人生的引导和对生命的观照，其积极意义主要体现在以下几个方面。

1. 在互动学习中创设轻松愉悦的学习氛围

教师注意在学生回答问题时，与学生进行眼神交流，或笑着夸奖，或追问，让问题水落石出；并结合一些富有表情的手势语言，如一名学生答非所问，老师站在他身边，抚摸着他的头，说了一句"答错没关系，我很欣赏你的勇气"，使学生觉得学习语文很轻松，并且是一件很快乐的事；另外，站位也拉近了老师和学生的距离。朗读时，老师在走道里；回答时，老师在学生身边；游戏时，老师和学生在一起，无数细节都能体现互动学习不仅是语言互动，还有思维互动，更有情感互动。民主和谐的课堂氛围能形成一种良好的心理环境，有助于缓解学生的紧张情绪，从而使他们的学习处于一种积极的状态之中。在这种情况下，学生的心灵得到呵护，问题意识也得以萌发，他们的思维也最大限度地活跃起来，一些新奇的问题和独到的见解也随之产生，同时在互动中，学生也敢于发言、乐于交流。因此在教学中，教师要注意和学生进行情感交流，创设一种互相尊重、互相理解、宽容和谐的学习气氛。

2. 在互动学习中引导学生探究学习、自主总结

把学生看成教学活动的参与者，突出学生在学习活动中的主体地位，注意让学生有充分自主学习的机会。在得到"海水为什么是蓝的"的科学解释后，老师问学生："这样的解释你们懂不懂？"很多学生都摇了摇头，这时候老师趁热打铁，说要和大家一起玩一个游戏，学生的参与热情空前高涨，游戏的过程以及教师适时的点拨能使学生轻而易举地明白科学道理。将形象直观的游戏与抽象深奥的科学知识巧妙结合，放手让学生积极思维、主动探索，把被动接受知识的过程变成主动探求知识的过程，把学生的参与当成个体积极情感体验的过程和个体发展的过程，充分调动了学生学习的自主性、独立性和创造性，有利于开发学生的智力、情感和行为等潜能，全面提高学生的素质。

3. 在互动学习中尊重学生、注重认知、看重发展

把互动贯穿教学的全过程。生生互动可以使学生学会与同伴密切交往、热心互助、真诚相待，使学生建立与他人互助互利的相互合作关系，有利于学生人格和心理的健康成长；生生互动使学生设法把自己的见解通过语言和动作表达出来，达到与别人沟通的目的，消除惧怕与别人交往的心理，从而得到语言、思维以及社会意识和社交能力的培养。师生互动主要体现了教为主导、学为主体的作用。教师的主导作用表现在对学生学习过程的调控、激励、点拨、指导上，引导学生在观察、思考、体验、交流和对话中心领神会、怦然心动，以达到释疑解惑、掌握方法、提高能力之目的。教师在这个过程中充当了顾问、同伴的角色，这有利于教师与学生之间形成平等、合作的关系。

4. 在互动学习中充分感受文字、文学、文化的魅力

《义务教育语文课程标准（2011年版）》指出"语文课程应致力于学生语文素养的形成发展"，在教学中充分利用互动学习的特点，根据学生的认知特点、情感需求、方法态度、价值观体系，不仅着力于开展语文活动，实现课内外结合，而且更注重在实际情境中、生活体验中，引导学生吸收人类优秀文化的营养，让学生在互动学习活动中感受文字的张力，体验文学的魅力，丰富文化的内涵。自主互动学习活动能够将学习的触角伸向更为广阔的天地，学生全身心地投入了，真切体验了，感情融入了，我们就有理由认为学生的文化素养获得了发展。把目光聚焦在教与学的过程中，学生参与学习的行为表现以及学生参与学习的情感反应，着眼于为学生营造文化氛围，让学生感受文化的交融，这就是语文课堂的真正魅力所在。

"玩转课堂"的实践和思考

教育的最大魅力是让每一个学生都充满希望，教学的最大魅力是让每一个学生都感到快乐。

一、把游戏植入课堂

《顶碗少年》一文中，顶碗少年一次失败、两次失败，第三次终于成功的经历，让学生有所领悟：成功是建立在坚持不懈努力的基础上的。怎样使教学不停留在说教的层面？笔者就地取材，让学生拿出中午吃饭时用的汤盆和勺子，我们现场开始表演，请学生站在教室的走道中，把汤盆置于头顶，把勺子放在脚尖上，模仿杂技演员的动作，把脚尖上的勺子踢到头顶上的汤盆中。结果，教室里面热闹非凡，大伙儿都跃跃欲试，可是折腾了大约10分钟，只有一位学生在略有犯规的情况下，才把勺子踢进了汤盆。毋庸置疑，这堂课留给学生的印象是深刻的——没有持续不断的努力，没有超乎常人的毅力，成功是难以取得的！而这一切是学生在亲身实践体验之后得出的结论，而不是照本宣科的结果。

二、把声音录入影像

《娘，我的疯子娘》是《时文选萃》上一篇比较经典的、以母爱为题材的文章。基于对初中学生朗读水平每况愈下的现状的思考，笔者发现语文教学过多地强调知识的传授，而忽视了语感的培养，在"没血、没肉、没情感，只有文字、文字、加文字"的情况下，是不可能有动心甚至动情的朗读效果的。于是，笔者精心挑选了这篇文章，目的是让每个学生身上的每个细胞都浸润在文本中，通过逐字逐句、有血有肉的朗读，去感受"疯子娘"每一个疯狂举动的背后，都有其对骨肉的拳拳之爱。因为朗读时每一个声音都会被录下来，所以学生的朗读异常投入，以至于读到情节高潮处，全场唏嘘，甚至泣不成声。

三、把创新融入教学

作文教学一向是语文教学中的难点。怎样使枯燥的作文教学变得形象直观、具体可感？笔者设计了一项作业——用心聆听最美的声音。活动要求：每个学生亲自设计一个生动有趣的游戏，仔细聆听游戏中美妙动听的声音，把游戏过程记录下来，说说自己的一些感受，然后撰写成一段文字，并希望此次游戏能给学生留下一个美好的回忆。请按照游戏名称、游戏过程、游戏感受等内容分门别类地进行填写。这才发现：学生创意无限，表达能力更是异乎寻常。例如，敲水杯是美妙的，是神奇的。当你敲在水杯上时，会发出一个动听的音符，当你不停地在七个水杯之间来回敲时，会发出一连串音符，一个个美妙的音符串联在一起，便是一首悦耳动听的乐曲。这时，你会越敲越投入，越敲越忘我，最后，当你完全沉浸在自己的音乐世界中时，会感受到从未有过的成就感和满足感。作文教学中的奇思妙想，会激发出学生的创造欲望，写作不再是一件苦差事，而是一种智慧的创造，给人以欣喜和力量。

四、把思想刻入心房

《皇帝的新装》这个故事，学生早已耳熟能详，但是要做到"把课上到学生的心里去"就不那么容易了。笔者想到了课本剧表演的形式，让4个学生组成一组，然后自行分配角色，其中一名学生充当导演，给其他3名学生讲戏，这三名学生结合自己的个性特点，深入解读文本，要求把人物角色演活。学生们"八仙过海，各显神通"，有的打起了道具的主意，拿来雨伞充当皇帝出行时的华盖，有的把教室里的书架当成了骗子手中的织布机，大伙儿在忍俊不禁甚至笑得前仰后合的气氛中，充分感受到了皇帝的愚昧无知和小孩的天真可爱以及骗子的阴险狡猾。随着一段让人啼笑皆非的故事的上演，故事的寓意也更深入人心，这堂表演课引发的不仅仅是欢笑，更多的是思考。从学生个性化的表演中我们不难看出，安徒生对于社会的观察是多么深刻，而这篇童话在任何时候也都具有现实意义。

很多时候，教师在疲劳地教，学生在苦恼地学。学生有听不完的课、做不完的作业；教师声嘶力竭上课、埋头苦干批改。这一切扼杀了学生好奇、好玩、好异想天开的天性，学生的主观能动性、学习积极性受到打击，那将是教育教学中的致命伤。当学生不喜欢学习甚至厌恶学习时，我们的教学还有什么意义？它是变相对生命进行摧残的一种方式。假如我们培养教育出来的都是孔乙己式的"满嘴之乎者也"的读书人，这无疑是教育极大的悲哀。

假如我们能换一种行为方式，变埋头做事为抬头仰望，变疲惫教书为快乐教学，变被动接受为主动吸纳，变枯燥乏味为妙趣横生，变死读书本为玩中获益，正如孔子所言，"知之者不如好之者，好之者不如乐之者"，我们的教学也会出现"知学""好学""乐学"的可喜局面。

因为玩是学生正常的生理和成长需要。玩是人的天性，它既能满足自我生理成长的需要，又能刺激自我心理发展的需要，还能满足自我求知的渴望与好奇。玩是教育的一种形式和载体，更是一种学习。以玩促学，以学启智，培育学生玩的能力也是教育教学的重要任务之一。

因为玩有助于发展学生的综合能力与优秀品质。玩能促进学生的大脑智力开发，有益的玩可发展学生的观察、想象、模仿、思维、社交、合作等综合素质与能力。玩能愉悦身心、强健体魄，也是学生认识社会、获得知识、增长才干的重要手段，有利于学生的身心健康和良好道德品质的培养，促进学生"玩商"的提高。

摒弃那种传统的"我教你学"的单向传输手段，在"玩转课堂"中激发生命无限的活力与潜能，在思维活跃、张弛有度、快乐体验中充分感受语言文字的魅力以及文化艺术的张力，该是现代语文课堂教学中的大胆举措与行为创新吧！

线上语文教学中的深度学习

2020年年初，在"停课不停学"的背景下，全国上下掀起了一股网课热，教师们纷纷戏称自己成了"十八线主播"。这种特殊时期的过渡和适应，从另一个角度来说，开放性教学和线上线下互动教学，将会是以后教与学的发展趋势。

针对海量的网络资源，我们不仅要拥有资源，更要整合、开发、创造、生成资源。教师的"教"引领学生的"学"，使学生在这个特殊时期，在网络学习的环境下，能够学有所长、学有所获，在语文学科的深度学习上，能够有新的体验和新的收获。

线上语文学习活动怎么开展？是不是一本书、一张纸、一支笔，沿用听说读写的传统教学模式？能不能在信息技术的支持下，变狭隘的教学为广义的教学，变被动学习为主动学习？能不能把"教师教，学生学"翻转成"教师引，学生学"？能不能把简单机械的学习转变成有逻辑、有思维、有力量的深度学习？

一、搭建框架，挖掘"深"的资源和可能

2020年2月下旬，笔者做了一点尝试。从在线语文教学的推进来看，学生参与的积极性很高，语文学习变得生动有趣，互学互鉴的效果日益显现，深度学习的状态日趋明显。下面以《简·爱》阅读为例，谈谈师生在深度学习中的体验与收获。

1. 明确学习要求

（1）结合PPT，了解《简·爱》。

（2）结合原著，学习《简·爱》的部分章节。

（3）完成《简·爱》的综合性作业：制作一份阅读小报，内容包括作者

简介、作品介绍、人物故事、人物形象、人物插图、作品理解等。

2. 搭建阅读支架

课外阅读读什么，怎么读，为什么读，如果教师不做任何引导的话，学生读得很盲目。这样的阅读收效甚微，学生没有兴趣可言，更谈不上语文的深度学习。阅读文学作品，不仅要了解人物、情节、环境等阅读要素在作品中的具体体现，还要了解作家的创作背景或写作风格，了解人物与人物之间的关系，把握作者情感与人物塑造之间的联系等。在阅读过程中，尝试着与文本交流、与人物对话、与时空对接，把作品放在时代背景、创作背景中去解读，联系自己的生活经历、人生阅历进行分析，联系自己已有的阅读经验和阅读积累去领悟文字背后的思想、情感、精神和哲理，语文阅读就会有深度学习的真体验与真感受。

3. 改变呈现方式

用阅读小报的方式去呈现，可以变无形为有形，变无声为有声，在图文并茂、形态各异中，把隐性的阅读通过显性的方式呈现出来，并且可以互学互鉴、共同提升。

二、加强互动，让深度学习有量的积累

1. 一读再读，体现深度学习

傅同学告诉笔者："第一次看《简·爱》的时候没有深入思考，这次做阅读小报之前回顾了书的内容，茅塞顿开，对书中人物有了新的见解。"笔者对她说，有自己的见解，不人云亦云，就是深度学习。

2. 形式创意，外化深度学习

曾同学在小报中写道："《简·爱》是一本描述一位女性生命成长的名著。我从中体会到了生命的成长在于自立，不再依赖他人。于现在的我来说，尚未触及。把它与我的生活和学习相结合，便有了另一种理解。在学习上，从艰难地在他人引导下学习知识，到懂得自觉地'温故而知新'，有了探索新知的渴望并懂得自学。在生活上，是与外力关系的交互变化过程。曾以为外力是阻力，但逐渐与其和解了，它摇身一变成为牵引力。我认为，实现了内力和外力的融合与推进，生命才得以完全绽放。"

3. 换位思考，升华深度学习

周同学在《〈简·爱〉文本阅读理解》中写道："全书最出名的部

分，应该就是简·爱对罗切斯特的拒绝……然而，当我看到她情愿在乡村学校教书时，我感觉她变得柔和起来，她开始明白玫瑰不仅生而以浑身带刺的方式存在，而是因为想为世间绽出一朵美丽的花而存在。她与圣约翰的两位姐妹交流、玩耍，这时候的爱小姐和其他任何同样身份的小姐一样，风趣、有才气，待人温和而真诚。这段时光，给予她极大的温情，这一段乡村生活改变了她，使她变成了一个能给予别人，有能力温暖他人的完整的自我。愿自己也可以拥有简·爱的坚强，勇敢地面对未知的挑战，经历过在惠特克劳斯镇的饥饿与严寒，开始新生活也不是那么困难。"

三、创生推进，让深度学习成为必然

（一）方案设计

1. 开放性设计

网上教学的最大优势是整合网络资源，以一种开放的态势进行"大语文"的学习。学生的知识面宽、有选择的自由、有表达的个性，这些都能使语文学习变得有趣、有味、有内涵。

2. 预设性设计

教师设计阅读活动，只是起到一个阅读导向的作用，至于读什么、怎么读、用什么方式来呈现，由学生自主选择。学生会选择自己感兴趣的、自己擅长表达的，或在比较阅读中有不同认识的，都会以超出教师预设的空间进行自主发挥，达到生成性阅读的良好效果。

3. 活动性设计

阅读是一项活动。它不同于学校里的朗读、听读、分角色读，那样的读，更注重形式。而在家阅读，它更接近于自由读，可以诵读、可以默读、可以表演读，总之，可以用自己喜欢的方式去表现文本内容，感受语言文字的张力和魅力。

（二）活动推进

1. 及时发现亮点

在读《简·爱》的过程中，笔者最先注意到学生在阅读小报的形式上的变化，由原来的文字书写变成图文并茂，再到电子小报制作，发挥聪明才智，不断更新迭代。然后关注阅读小报的内容，发现有些学生的形式创意或内容理解极具个人特色，就及时把它转发在班级群里，供学生之间互学互鉴。

2. 及时捕捉契机

当班级群里出现学生在阅读小报上发表的个人见解，以及洋洋洒洒的语言文字表达的时候，抓住教育教学的契机，教师先仔细阅读文字，再引导学生去深入领会、细致表达，这是很好的学习资源。

3. 及时推广经验

书写阅读小报耗时耗力，充分利用互联网信息和技术手段进行深度思考、排版设计、创意表达，让人物、事件、理解、表达融合在一起，既体现了学科之间的综合融通，又体现了学生领导力的锻炼和综合素养的提升。

（三）理念提升

1. 明确深度学习的概念

深度学习是指人类的认知过程逐层进行、逐步抽象，具体表现为人类层次化地组织思想和概念。对于深度学习来说，其思想就是对信息堆叠多个层，也就是说，这一层的输出作为下一层的输入。通过这种方式，就可以实现对输入信息的分级表达。在这次阅读活动中，学生的形式创意和个人理解，正是深度学习的典型特征。

2. 明确作业的功能

假期的学习与生活是建立在学生课外学习基础上的自主发展。从需要论的角度出发，它更多地满足了个体的生理休息需要、心理调整需要和精神独立需要。当寒假遇上阅读，是学生放假期间最好的精神补给方式，慢条斯理地读、有滋有味地读、旁若无人地读，读出感情，读出理性，读出意蕴。

3. 明确主体参与的意识

只有主体参与，才有深度阅读。在认真读、仔细读、深入读中发现端倪，发挥想象力，发展对事物的认识，建立起对人的内心的理解和对生命的人文关怀。在情感体验和情绪释放中，找到情感共鸣和心理抚慰，得到感性的认同和理性的升华。

4. 形成思维品质

学习是为了知识的积淀，为了综合素养的提高，更是为了形成自己独特的思维方式，在社会日新月异的变化发展中，有面对问题、分析问题和解决问题的能力。所以，以阅读促进思考，在阅读中积累生活经验、丰富人生阅历，让思维的火花不断闪现，思维的品质不断得到提升。

让学生在深度学习中领悟生活、生命、人生的意义与价值，这是语文教师的职责。让我们与文本交流、与人物对话、与时空对接，思接千载，视通万里，做一个有温度、有情趣、有智慧的人。

第二章 德育实践反思

给"登山"以"石级"

——一堂成功班会课后的反思

拾级登山，沿途赏景，一切美好尽收眼底。可有谁想过，如果没有台阶的话，登山还会如此令人心旷神怡吗?

笔者曾参加了由区教育局、区教师进修学院共同举办的班主任基本功大奖赛，并有幸夺魁。谈起那堂成功的班会课，笔者最大的感受是：认识的过渡、衔接不可或缺。

笔者在设计这堂课的时候，除了考虑班会课本身的教育意义之外，更多的是酝酿如何使教育切实有效。

一、确立主题

这好比确定去爬一座山，从学生实际出发，选择他们需要的、感兴趣的。笔者发现在青少年中经常会出现"我受不了了"，抑或"我反正不行了"等微妙心理，需要我们进行及时的引导。笔者认为出现以上两种情况，关键在于学生缺乏一种自信，凡事还没有开始做，或者眼看就要做好了，却已经退缩了。没有尝试，没有结果，就不可能有成功的喜悦和由此而产生的良性循环。所以笔者把"把自信握在手中"作为这堂班会课的主题，意在让学生明白自信对于成功的意义，只有对自己充满信心，充分相信自己的能力，才能在做事时付出全部的精力，排除一切艰难险阻，直到胜利。任何临阵退缩、半途而废都是缺乏自信的表现。由于主题很切合学生的实际，所以学生一走进多媒体教室，第一眼看到班会的主题，就对它产生了浓厚的兴趣，有的一连把题目念上几遍，有的伸手做自信状……笔者知道，这堂课找到了师生之间双向交流的共同话题，就像找到了一座学生愿意爬、喜欢爬的山，精彩的登山活动由此开始。

二、设计过程

众所周知，有了目标，还需做进一步的努力。任何越级行为或无级攀登都是不牢靠的，甚至可能遭遇危险。在课上，笔者安排了这样五个环节：①以真实的事情，从反面入手，认识缺乏自信往往会使自己陷入挫败的误区。②以《毛遂自荐》的故事为引子，引发学生对自信成功的事例及名人名言的回忆，从正面进一步认识自信对于成功的意义。③凡事都只有相对而没有绝对，自信也同样如此。有些自信值得推崇，而有些自信不值得推崇。通过讨论这一环节，表扬班级里一部分先进典型，以榜样作用鼓励大家树立信心。另外，对问题的认识也由浅入深，从而明确脱离实际、盲目的自信，违背道义、有损人格国格的自信不值得推崇；不怕困难、勇往直前的自信，改过自新、奋力拼搏的自信值得推崇。④主题辩论，主要让学生共同参与，以实际行动来证明：自信是扬帆远航的不竭动力。⑤学生学习的热情需要用不同的行为方式来激发，游戏仅仅是一个手段，关键要在游戏中发现：自信往往跟"我能行"的心理暗示以及"积极投入"的做事态度密切相关。

由于充分考虑到了学生当前的认知水平和循序渐进的认知规律，所以安排了以上教育步骤。目的是尽可能地使他们对于自信的认识多角度、全方位，由反面到正面，由具体到抽象，由简单到复杂，由认知到导行，最后形成对自信的客观全面的认识。特别是最后两个环节，通过前面的学习，学生对失去自信的后果和建立自信的意义有了进一步的认识，并正确区分了自信的正反两个方面，取得了认知上的良好的教育效果。但是教育的主要目的不仅是明确自信对于成功的意义，更重要的是以认知来指导实际行动。所以辩论和游戏这两个环节的作用就显得举足轻重了。一方面，在唇枪舌剑中，真正领悟到自信在论辩过程中的积极意义；没有自信，就缺乏战胜困难的勇气和排除一切不利因素的斗志，也就不可能接近胜利。因此有必要把抽象的道理形象化，使学生在通俗易懂的实践过程中明白真理。另一方面，要让学生直接回答"自信是怎样产生的",问题显得突兀,让人理不清头绪、抓不住要害。但假如以游戏的形式,设置几个过渡的台阶的话,情形就大不一样了。气氛空前热烈,游戏之前,得到的是"我能行""我必胜"的自信;游戏过程中,大家屏气凝神,克服困难,勇往直前;游戏之后,"难题"也就豁然开朗了。由此从容得出结论:自信往往跟"我能行"的心理暗示以及"积极投入"的做事态度密切相关。

三、教育手段的运用

教法上,笔者以"认知—导行"为主要模式,从实践上升到理论,再由理论来指导实践,符合循序渐进、螺旋式上升的认知规律。学生在知、情、意、行的过程中,步步为阶,感受习得的乐趣。并结合现代化的教学手段,如录音,调动听觉器官参与活动,激发参与热情,唤醒记忆,使学生从较多具体可感的事例、形象生动的言语中增进自信对于成功的意义的认识;视频投影仪,形象直观地展示班会主题、有关图片和教育重点等,起到鲜明、醒目、突出重点、加深印象的作用。直观教学给课堂营造了一个轻松、愉悦、和谐的教育氛围,学生参与其中,自得其乐,在客观上调动了一切感官因素,从知、情、意、行四个方面入手,启发、教育、引导学生。

由于给这堂课设置了许多"台阶",大到"休息平台",小到"每一级石阶",而且每一步都经过了详细的分析和周密的安排,有难度,但没有障碍,因此整个"登山活动"可以说是有惊无险,学生尝到了"一步一风景"的乐趣,也共同分享了全体"到达山顶"时的那份由衷的喜悦和感动。

所以说,任何脱离现实的"一步登天"都是盲目、不切实际的,任何成功的步伐都需要强有力的台阶来支撑,这就是笔者上了一堂成功的班会课后的一点切身感受。

"家"有小"宝"初长成

——"家校共育·快乐成长"个案研究

引言:

你能想象吗? 一个少年, 从三门总分55分, 仅一学期时间, 到三门总分244分。

你能想象吗? 一个少年, 从家访时执拗对抗, 到如今的恋校、好学、向上。

你能想象吗? 一个少年, 从不愿拍"笑脸墙"照片, 到如今欢声笑语不断。

你能想象吗? 一个少年, 从调皮捣蛋招人嫌, 到用压岁钱给爷爷买电视机。

在临港实验中学的宝同学身上, 有太多的不可思议正在发生!

2016年7月3日, 分班考试。

分班考试前, 他看到了小学时的同班同学, 两个人话特别多, 还说待会儿要打架之类; 分班考试时, 他花了一半时间心不在焉地答题, 另一半时间就趴在桌上睡觉, 提醒后, 没过几分钟又倒下去了; 分班考试后, 他的语、数、英三门总分55分。

2016年7月9日, 第一次新生家访。

家访过程中, 他有些心神不宁, 话多、语速快、坐不住。他妈妈不时地纠正他, 让他面朝老师。他也喜欢纠正妈妈言辞中的细微差错。看来, 互相纠错已经成了家庭生活中的一种常态。我们还参观了他的书房, 孩子有两个书柜, 里边的书大多已经看过了。他看的书挺多、挺杂, 有些还很深奥。

2016年7月11日, 微信沟通。

宝妈: 董老师, 家宝作文这样写跑题了吗? 我让他重写, 但说服不了他。

老师: 不算太跑题, 但是真正围绕"我的烦恼"来写的内容并不多, 大多在写别人的烦恼, 所以主次搞错了, 这叫"详略不当", 建议重写。比如, 头脑聪明但成绩上不去, 兴趣广泛但缺少成就感, 看了很多书却不擅长写作文，等等，可以有很多切合自己生活的题材，相信家宝一定能写一篇让自己满意的好作文。加油！！！

2016年7月18日，《一个异乎寻常的故事》问世。

老师：写了一篇家访记录，与您分享！

一个异乎寻常的故事

我们从上午9点开始对学生进行家访。先家访了祝同学，再家访了毅舟。上午10点40分的时候，我们来到了宝同学的家。

家宝的情况比较特殊：分班考试，语、数、英三门总分55分；我监考语文，他花了一半时间心不在焉地答题，另一半时间就趴在桌上睡觉，提醒后，又倒下去了；小学老师评价他调皮捣蛋、爱惹事、成绩差；分班考试前的准备时间，因为看到了晚来的小学同学旭崑，两个人话特别多，还说待会儿要打架之类……在家访之前，我们有点发怵，怕孩子不好好学，还专惹麻烦，影响班级。

电话联系之后，孩子已经在楼梯口等候，开了门，他转身就往楼上跑，然后进了书房。看得出他有点紧张，他在努力掩饰自己内心的慌乱。

进门之后，我请家宝一起参与我们的聊天。他在爸爸的催促下，在我们身旁坐下。这时，妈妈从外面进来了。原来妈妈是六院东院的医学专家（博士），双休日在医院加班。因为我们要家访，所以她急匆匆地赶回来了。看来家长对孩子的教育没有放弃，相反却非常重视。

我们聊到了暑假安排。先完成部分作业，然后去深圳的哥哥家，又去江西的伯伯家（伯伯是数学老师，可以帮助辅导孩子的功课），再去参观江西的火箭发射基地（爸爸是这方面的专业人员）……看来，孩子的暑假生活还挺丰富。

在聊的过程中，他有些心神不宁，话多、语速快、坐不住。妈妈不时地纠正他，让他面朝老师。他也喜欢纠正妈妈言辞中的细微差错。看来，互相纠错已经成了家庭生活中的一种常态。我对妈妈说，孩子有时是对的，家长要学会相信孩子、信任孩子。从心理学上分析，这是一种负强化，不断纠错的结果是让孩子无所适从、缺乏主见，从而变得唯唯诺诺，但是孩子又是个聪明人，他不愿意受人摆布，所以才会有"抬杠"的现象发生，以表示他内心的不服气，以至于对正确的家庭教育也会排斥和拒绝接受。

我们聊到了暑假作业。几经催促，他从书房把作业拿了出来。语文练字他已经写了很多，而且字迹工整，值得表扬。但是他用的是小的作文本，我问他有没有听清楚要求，他说，他跟妈妈说了要大的本子，但是妈妈说，家里正好有小本子，就用小的吧。他拗不过妈妈，就写在了小的本子上。从这一点上看，孩子是认真的，妈妈可能因为工作忙，没有耐心听取孩子的意见，教育采取的是马虎应对的策略。我说，能不能换一本大的本子再写一遍，因为我考虑到不能搞特殊，做事要符合规范。他顿时嚷开了，"不要，不要……"并离开客厅，去了书房，看得出他很气愤，他在责怪妈妈当初没有听他的话，一意孤行。看他情绪失控了，为了缓和尴尬的气氛，我说，不换本子也可以，因为孩子在这件事情上没错，他已经提醒家长了，是家长没有听取孩子的意见。这也说明孩子的自理能力还不够强，他要依赖父母，他缺乏独立性，他不能自己去超市或文化用品商店买本子，也许小区买东西不太方便，也许他不知道本子去哪里买。

我们聊到了他的兴趣爱好。爱玩游戏，通关没有问题。参加了机器人编程大赛，得了三等奖。妈妈说，在小学五年级的时候，孩子只对这项活动感兴趣，自己主动报名参加这个比赛，态度非常积极，还得了奖。这正应了一句话：兴趣是最好的老师！

聊到了小学学习成绩不太理想的事。妈妈把原因归结为注意力不集中，对学习不太感兴趣。有一个细节不容忽视：小学五年级期末考试前，他只花了一个月时间，学习成绩就从班级最后上升到班级中等，原因是这一段时间他上课认真听讲，他还说，其实上课听讲是打发时间的最好方式。他因此得到了老师的表扬。从这一点来说，他一定可以在原有基础上进步提高，因为他是个潜力没有得到挖掘的孩子。很有可能家长因为平时工作繁忙，对孩子缺少必要的陪伴和耐心细致的教育，也有可能家长和孩子的认知水平落差太大，家长的高标准、严要求让孩子的自尊心受挫，被赏识的心理需求得不到满足，所以有点自暴自弃。从某种程度上说，孩子是幸运的，他遗传到了父母的高智商，但孩子又是不幸运的，因为家长不知道怎么教育培养自己的孩子，让他能有良好的学习生活习惯，有足够的勇气去面对困难。

聊到了家庭教育方式。我建议父母多听听孩子的想法，尊重他的意见，不要剥夺他思考问题、发表意见的权利。孩子是在磕磕碰碰中成长起来的，父母不要太过着急，等等孩子，依照孩子的脚步，陪伴他不急不缓、健康快乐地成长。因为成长是不可替代的，只有自己经历过了、尝试过了，才知道是非对错，才能找到一个正确的方向不断前进。

一转眼，他又不见了。原来他去了书房，他去整理书了。我说："我们能不能参观一下？"孩子同意了。我们参观了他的书房，孩子有两个书柜，里边的书大多已经看过了。他看的书挺杂的，有些还很深奥。我说："你能不能借我一本？"他说："可以。"我说："什么时候还？"他说："随便。"我向他借了一本埃迪蒙托·德·阿米琪斯的《爱的教育》。我还看到了有一本关于犹太人成长史的书，我建议他多看看这本书，人会变得越来越聪明。妈妈说，孩子很爱看书，看到喜欢的就让妈妈从网上购买。妈妈建议，看过的书捐出去让那些没书的小朋友看，他不同意，他把书放在书柜里，装在纸盒子里，书干干净净，摆放整整齐齐。

后来我们又聊了一会儿，妈妈很高兴，说是碰到了好老师，自己也学到了很多。大约12点了，我起身告辞。我问孩子，以后还要不要老师来家访，他先说随便，后说不要。但这一次说"不要"的时候，心情明显是放松的，孩子放下了戒备，也放下了一颗永远悬在半空中而不见落地的心。孩子和老师说了再见。我想对孩子说，老师还会再来的，既然我们有缘，我们就一路携手同行。人群中没有一个人是最好的，但是我们会共同创造一个更好的奇迹！

宝妈：董老师，我认真阅读了这篇文章。我很庆幸遇到了一位"懂"家宝的好老师，我也庆幸自己遇到了一位能发现家庭教育问题的好老师。我一直认为，孩子的问题关键在父母，孩子的问题是父母行为的投射。但是，我们无法自我诊断问题在哪里。阅读了您这篇记录，我有醍醐灌顶的感觉，文中您提到家长的不足之处，我很认同，并一定以此为镜，改正自己错误的教子方式。以后，我会主动与您多沟通，您也是我的良师益友，谢谢您，董老师。另外，我把此文转发给家宝爸爸了。在未来四年孩子成长的关键期，有您这样的好老师把舵，是家宝之幸，谢谢！

老师：您客气了，我作为家长，也会有力不从心的时候，我们共同努力，为了孩子更好的明天！

宝妈：嗯，一起努力！

2016年8月25日，军训。

老师：家宝今天又有进步了，尽管有点"一瘸一拐"，但能坚持到最后，而且午间休息特别好，同学相处也不错，值得夸赞！

宝妈：您家访埋下的智慧种子，开始发芽了！

2016年9月12日，第一次家长学校活动。

宝妈：董老师，我一进家门家宝就问："老师表扬我了吗？"我说："老师第一个就表扬了你。"他笑得很灿烂。谢谢董老师！另外，我今天迟到了，很抱歉！

老师：没事，谁都会有突发状况，我们彼此信任，通力合作！最好宝儿能将《给____的一封信》补上来，他的进步还在于，他清楚什么做了，什么还没做。

宝妈：谢谢董老师理解。家宝说明天会交的。

2016年10月13日，以文件的形式反馈了家宝最近几天来的变化。

2016年10月9日，今天班会课，小董老师上了《九九重阳，关爱久久》的重阳节主题教育课，在最后一个环节，你能为爷爷奶奶做些什么？家宝说他要用压岁钱给爷爷奶奶买一台电视机。

2016年10月10日，家宝中午时间、放学以后，在教室里跑来跑去背书、做功课，还时不时地坐在听课老师的位置上。我说："你是老师、校长还是专家呢？"他说："我是专家。"

2016年10月11日，今天大课间，他不愿参与跳绳，他想打篮球，小董老师组织了男、女同学进行跳绳计时比赛，为了男同学的集体荣誉，他歪歪斜斜，停下来、继续，停下来、再继续，终于坚持完成了比赛。

2016年10月12日，今天大课间，他还是不愿参与跳绳，小董老师让学生进行双人跳比赛，他参与了，这一次，他和刘同学合作，跳完了全程，过程中没有偷懒，也没有中途停下。

宝妈：收到，谢谢您和小董老师这么细致地关心一个"熊孩子"的成长。跟你们比我有些汗颜，我要向你们学习。

2016年12月31日，给宝同学写了一封信——《写给长大了的宝宝》。

写给长大了的宝宝

工作至今，26个年头过去了。这是我第一次用微信的方式，给一个学生写信。

你是我见过的最聪明、最有潜力的学生。

星期五，当我抱着你把"活力之星"贴到学习园地上的时候，我多么希望你手中的那一枚橙色的"活力之星"就是你的。

从开学到现在，你带给我们太多的惊喜：

入学教育的第二天，你坚持不愿意拍"笑脸照"，如今你的笑声传遍了校园的每一个角落；

军训时，你的动作不协调，经常落在队伍后面，如今，你快乐活泼地参加任何一项活动；

分班考试时，你一睡再睡，考了个三门55分，如今，你的科学成绩年级第一——96分，语文想攀越80分这座高峰。

上周五，评选三好学生、优秀学生干部、行为规范示范员、劳动卫生之星、纪律之星，你嚷嚷着"我不选""我弃权"，老师读懂你嚷嚷的背后，多么希望自己能得到同学们的认可，得到那一份期待了很久的荣誉呀！

我想告诉你，荣誉不是馈赠，不是想给就给的，而是要通过自身的努力，用突出的表现换取的。子妍之所以能得到大家的一致认可，不是因为她没有缺点，而是因为她心里不只装着自己，更装着别人和一个"人人为我，我为人人"的班集体。她是我们学习的好榜样，她的每一次努力和每一点付出，都被我们看在眼里、记在心里。

所以，当你把信息科技课的作业要求写在黑板上，当你因为作业收不齐，因为班级日志不会记（值日班长的职责）而叫嚷的时候，我多么想帮你一把，但是，我更愿意看到你在各门学科的课堂上能严格要求自己，树立起自己好学向上、尊师守纪的好少年形象，那时同学们一定会佩服你，你传达的每一个通知和提出的每一个要求，都能得到同学们的"一呼百应"。那时候，你离老师和同学们的赞誉就不远了。

老师始终相信：你是一匹黑马，你一定能笑到最后，也笑得最美！

说到这儿，我已然对你更充满了信心和希望。让我们一起——为昨天的自然率真不悔，为明天的星星闪耀干杯！

老师希望新学期的第一枚"儒雅之星"，由我和老师们还有全班同学一起颁发给你，也算是我们对你第一学期的不懈努力的认可和嘉奖。

孩子，明天无限美好，我们一起期待！

致我最欣赏的个性男孩家宝！

2016年12月31日

宝妈：董老师，您就是我心目中受人尊敬的老师。谢谢您对家宝的如此厚爱，我相信家宝会慢慢感受到您的良苦用心，会成为让您自豪的学生。祝元旦快乐！……他刚才看了您的微信，心灵有触动，自己去加您微信了。

老师：缘分使然！新年同乐！

2017年1月6日，期末考前复习。

宝妈：世界太奇妙了，家宝自己在复习语文，叫他休息一下都嫌我烦，现在还不肯休息。（晚上22点16分）董老师，还是您牛！这孩子进入了我的盲区。

老师：我发现了一块璞玉，精雕细琢后会价值连城。孩子变得乐观开朗了，这是最大的进步！自己进步了，还要在班级里树立威信，在学校里树立形象。我跟他说，他就是我们班的形象代言人。

宝妈：好，一起努力。

孩子在短短一个学期的惊人变化，主要得益于"家校共育，快乐成长"育人理念的确立。具体表现在以下几个方面。

一、微信沟通，形成合力

重视家校合力的形成。只有当学校教育和家庭教育形成了合力，我们的教育才会收到事半功倍的效果。

2016年7月20日，与您分享《怎样培养后劲十足的孩子？》。

老师：抓住一点，顺藤摸瓜，培养一个真实、友善，能自我发现自己潜力并不断为之努力的孩子。

宝妈：嗯！

2016年7月22日，与您分享《耶鲁大学研究：孩子潜能自查表，让他的天赋不再被埋没》。

宝妈：董老师，文章看过了，对号入座发现家宝在机械方面是有点潜质，但奇怪的是还有音乐天赋，不理解，若真有就被我忽视了。

老师：家长可有意识地带他去科技馆、工业博览会参观，去大剧院、区文化艺术中心听音乐会，总之，多投其所好，就会有惊喜发生。

这一切都是为了建立家长的教育自信。试想，如果家长面对孩子的种种突发状况，只会焦头烂额、疲于应对，家庭教育怎么可能长期有效呢？

二、互相信任，创造奇迹

重视教师的言传身教。学生对教师有着一种特殊的信任和依赖情感，接受和承认教师的权威。班主任的自身素质、道德修养，客观上就是班级乃至班级中每一个个体的楷模。

2016年8月3日，第一期董雪梅心育工作坊微信推送。

老师：宝妈妈，如有不妥之处，敬请海涵！（微信公众平台上传了《架起家校合作桥梁，共谱青春成长序曲》的文章，其中包括《一个异乎寻常的故事》）

宝妈：刚看了您发的内容，挺好的。有您这样的好老师，我相信家宝未来四年会是快乐而充实的。董老师，您放心，我会努力做个称职的家长，与您分享家宝的成长故事。我虽一直坚信家宝是块璞玉，但直到遇见您我才多了份自信。一起努力，四年后，您一定会看到不一样的家宝。谢谢董老师！

老师：我们共同创造爱的奇迹！

因为我们四年结缘，所以我们要同心合力将这份美好的情缘延续下去。

三、换位思考，理解孩子

了解孩子的心理变化，走进他们的心灵深处，试图去理解他们，并从他们的角度出发提出解决方案，这样才是最有效的。

2016年10月20日。

宝妈：董老师，家宝今天在学校有反常吗？他在家一会儿说他很烦只想做作业，一会儿又说他很烦只想静静，还要我走开，不要打搅他。我是随他，还是要陪他？

老师：离校的时候，他和尚同学斗了几句嘴，其他没什么，孩子外表坚强，内心脆弱，建议每天4∶35以后，没有其他事情赶快回家，在校学习效率不高，会互相干扰影响。

宝妈：好的。

老师：您可以安慰安慰他，他以前心里受的委屈还没有完全化解，孩子的心思我们还需要时间慢慢去读懂。

宝妈：嗯，谢谢您！

2016年10月25日。

老师：家宝说，让您买数学文件夹。他回家会忘，所以让我告诉您一声。

宝妈：收到，是我老忘了，明天下班一定买，谢谢提醒。

宝妈：小家伙给我面子，跟您说他忘了。

老师：这样的儿子，真是高情商啊！

宝妈：谢谢夸奖。我这当妈的又得自省一下了。

2016年11月21日。

宝妈：董老师，弱弱地问一下，家宝今天表现如何？

老师：今天孩子的情绪比较亢奋，作业也没交上来。最近三周，课上接连提问，对课堂节奏干扰影响较大。我们有点担心他会走一段回头路。

宝妈：知道了。家宝说今天作业交了，但是自己是后来才交的。

董老师，明天帮忙留心一下，我怕他逃避性说谎。

宝妈：好的。

孩子的心事，需要蹲下身来，以心换心才能参透。

四、重在激发，培养自觉

作为一名班主任，要善于捕捉学生身上的闪光点，及时鼓励、引导，让学生在品尝成功喜悦的同时增强自信心，培养自我的成长观。

2016年8月26日。

老师：孩子天天有进步，记笔记、安静休息、有话愿意和老师说、跟上队伍步伐、自控能力越来越强……

宝妈：谢谢老师关心、用心。看到孩子的进步，我也挺自豪的，谢谢！

2016年11月7日。

宝妈：董老师，家宝让我给他买李清照的词、鲁迅的短文、《桃花源记》的书……还跟我说，他想了解中国的古书，小说也行。董老师，我应该怎么给他选书，您有合适的书目推荐吗？谢谢！

老师：建议带他去上海图书馆或新华书店，挑他喜欢的，才是最好的。只有想了解，才会真正去了解。他的选择相当好，尊重选择，才是我们明智的选择。

宝妈：好的，谢谢！

2016年10月31日，今天我给学生介绍2010届学生作文，并且对他们说：

"我们也要出作文刊物，要不也以'春之声''夏之梦''秋之实''冬之韵'命名。"家宝说："不要，我们要有自己的刊物名字。我想做策划，你再帮我找两个人打下手。"从分班考时的昏睡不醒，到军训时拍"笑脸墙"照片时的不配合，再到现在的主动承担，家宝真的有了翻天覆地的变化。

只有主动自觉地参与班级事务，提高自我要求，才有可能在原有基础上迈出坚实的脚步。

五、善于观察，智慧教育

善于观察，掌握孩子成长过程中的动态变化，对教育活动过程中出现的突发状况，不惊不慌，沉着理智应对，这样，孩子才能不断成长，拥有一个快乐而美好的少年时代。

2016年9月28日。

老师：家宝妈妈好！孩子的作文到底写了没？他拿不出来。所以，我跟他说，今天我去你们家帮你找出来。

宝妈：他上周末补了《家长会前后》《礼物》。

老师：好的，可是他还没交上来。

宝妈：他多半带了，只是不好意思交。因为他把作文归入个人隐私范围。董老师，我今天4点半在校门外接孩子，听您安排。

老师：我说要去你家找，他就交上来了。

宝妈：董老师，您知道他这是什么心理吗？小学的时候，他要么写了作文不交，要么颠倒黑白乱写上交。其实，他认真起来作文写得不错的。他跟我说，作文写真了会暴露个人隐私。我跟他说，作文素材来源于生活，但高于生活，允许适当加工。可是说了也没用。

老师：强调自我保护，是否意味着缺乏安全感？

宝妈：我也觉得他是有点缺乏安全感。他0~3岁时，白天是放在别人家里，由别人带的。我现在下班尽量陪他，让他找回安全感。

老师：对，孩子对家庭亲情的认识，会影响到将来在家庭中扮演的亲情角色。陪伴是最长情的关爱。

2016年11月24日。

宝妈：董老师，刚才家宝一路都在夸您的面条多好吃，说是"世间一绝"，很兴奋、很开心。谢谢您，谢谢您的柑子。

写给我年轻的语文老师

我们班的语文老师是董老师，她还是班主任，但是因为我们的数学老师也姓董，所以我们叫她大董老师。

大董老师四十几岁了，不算年轻，可她的心态却十分年轻。大董老师虽然年纪大，教学经验丰富，可她备课却毫不马虎，大董老师通常一节课要备课三四个小时，真是"台上十分钟，备课几小时"呀！

她有低血糖，即使这样，她还去西藏，与那里的老师进行讨论；还常常一个上午不休息，坚持给我们上课，中途没有喝过一口水。记得有一次，她给我们上课，累得不行，快要晕过去了，她吃了颗糖，就去休息了。

她很认真，每天放学，同学们几乎都回家了，只留下四五个同学在教室里写作业、打扫卫生，她却还在学校里帮助同学打扫并检查卫生，正因为她和值日同学的不懈坚持，我们班才得到了"文明班级"的流动红旗。

她对我们很关心。

有一次，我因为门卡之类的东西忘带了，回不了家，就想去超市里写作业，因为我跟超市的店员比较熟。当我乘上尚同学的车后，我发现大董老师和另外两个同学也在车上，大董老师知道我的处境后，热情地邀请我去她家，我答应了。

到她家后，我被这个地方惊呆了。一张桌子、几把椅子、一张沙发，就这么几件东西就是客厅，还有朴素的卧室、简陋的厨房。大董老师解释说，那是她的宿舍。然后我去写作业，大董老师就去做饭。

大董老师的面煮好了，我的作业也快写完了。那面特别香，早已饥肠辘辘的我恨不得立即跳起来，一口气把面吃完。那里面有虾、有蛋，还有菜。反观大董老师那碗，不但虾很少、很小，而且面也不多，我被大董老师对学生关心入微的品质感动了。

我永远不会忘记这次经历，它在我心中永不褪色，这就是老师关爱学生的一个活生生的例子呀！

没有打不开的心结，只有不懂孩子心事的老师和家长。孩子有多种需要，需要得到满足的过程即是促进其发展的过程。

陪伴，是最长情的告白；欣赏，是最贴心的温暖；合作，是最有效的教育。家校合作共育是指通过家校互动、家长学校、家委会等形式，强化家校共育机制，建立新型家校合作方式，让父母更多地了解、参与学校生活，引领父母与孩子共同成长，使家庭教育与学校教育协同互补、互相促进，最终实现家庭、学校、自我教育的协调发展。这就是笔者一个学期以来的切身体会和深切感受。

初中班主任的"研"中"学"

自2017年2月加入"寒假生活与学期初生活重建"项目研究团队至今，笔者一直行走在专业学习之路上。来自天南海北的志同道合者，在微信平台和论坛活动中交流、切磋，相互鼓励、启发、帮助，打开了教育研究与实践领域的新视野。持续学习是专业发展的根本所在。2019年寒假，笔者仔细研读了《你好，寒假！》，撰写了8万多字的读后感，结合学生寒假生活与学期初生活重建的实践研究，找到了一条学生、教师、家长共同发展之路。这一研究，促使教师更加关注每一个生命的生长，更加聚焦每一个参与主体的情感投入；从改变学生个体到改变学生群体，从着眼现在到预知未来，在创生、积淀、传播、转化中，更新认知系统，激发生命潜能，促进共同成长。

一、专业学习：更新传统的教育观念

在这个发展迅猛的时代，个人经验的差异、社会场景的复杂，使得知识的内涵丰富多样，知识创新的形式亦千变万化，传统的限于课堂的教育教学已经无法满足学生发展的需求，迫切要求教师自觉投入学习之中，更新教育观念，提升教育能力，开展教育教学的变革实践。

（一）开启专业学习

2018年1月26日，笔者参加了中国班主任研修学院这一民间学习团队，进行了理论结合实践的学习。在全国各地学习伙伴的互相鼓励和积极促进下，本人深入研读了《中国班主任研究》一书，从序言开始，学习读的方法，把握做、听、说、读、写的要义，精读细读每一篇学术论文的核心观点，理解不同作者从不同角度、以不同方法科学地论述班主任工作的内涵意蕴和变革路径。接着，笔者结合自己的班主任工作实践，通过撰写读后感的方式不断反思、积极探索、实践创新，构建起对班主任工作本质、创新、求变的规律性知识体系。除此之外，笔者持续关注"学生寒暑假生活和学期初生活重建"项目研究的阶段性推进，多次参加不同研究主题的全国论坛活动，在专家引领、同伴鼓励、自身探索、成果撰写中，教育观念和育人方法有了很大改变。

（二）改变教育观念

2016年前，笔者对班级教育教学的理解比较狭隘，认为班级仅仅是学生成长与活动的空间，班主任的主要作用在于促进学生知识与技能的发展。自从来到新的学校，笔者申请并主持了上海市德育实践课题"且行且思——初中生探寻文化之旅的实践与反思"，特别是参加了"寒假生活与学期初生活重建"项目研究之后，教育观念有了较大的改变。

1. 转变对教育主体观念的认识

受深圳陈才英老师"我的寒假我做主"活动的启发，笔者认识到了学生寒假生活的丰富性、学生参与活动的积极性与能动性以及重建寒假生活对于学生未来发展的重要价值。学生不是学习的机器，他们有着多元发展的可能；家长不仅是学校教育的配合者，更应该成为家校合作的主力军；教师应与家长开展合作，整合家庭与学校资源，产生合力。教师也不是"教育机器"，而须践行"教天地人事，育生命自觉"。

2. 转变对班级建设的认识

2018年3月24日，笔者研读了华东师范大学张春兰博士的《何谓"教育即生活"？如何全面培养学生的生活态度与技能》一文，并完成了一篇读后感《班级是一个迷你型的小社会》。文章得到了张春兰博士的回应，她从读后感中梳理出了建设未来民主班级的思路：从有形的组织建设到无形的文化建设，再到整合资源、优化教育生态，最后实现群体和个体协调发展的双重目标。一语惊醒梦中人！这不就是笔者希望达成的以班级文化引领班级生态建设吗？张春兰博士的回应帮助笔者转变了对班级建设的认识。班主任不仅应关注学生的班级生活状态，还应关注学生的校外生活。班级建设应从学生立场出发，相信学生，创设民主的班级氛围。

3. 转变对班级活动的认识

以往的活动，通常以教师设计、组织、实施、评价、反思为主，学生只是一个被动的参与者。这样的活动过程虽然"好看"，却华而不实。怎样使一直被设计与安排的学生从被动走向主动、从被控制走向主动参与、从参与者转变为组织者或策划者？在"你好，寒假！"项目研究中，李家成教授一再提醒要有学生立场，要有学生共同参与设计，要有学生作为活动主体，要有学生积极展示活动成果。可见，班级活动应该尊重学生的声音，使其成为活动设计、策划、组织、评价、参与的主人，促进其多方面的发展。

（三）激发寒假变革意识

通过专业的阅读与学习，笔者的寒假变革意识被激发，逐渐意识到寒假生活研究绝不仅仅是布置不一样的作业，而是重建教师、学生、家长对寒假生活与学期初生活的理解，重建三者之间的交往关系，重建寒假生活与教育的新样态。

例如，江苏省常州市龙虎塘实验小学学生自发组织了"宣传禁放烟花爆竹"活动，孩子们不仅创作了宣传标语，设计调查问卷调查了200多位居民，并对调查结果做了统计，形成了调查报告，还提出了后续活动的要求：在居民社区，针对不同群体，甚至学生，进一步加强安全、环保方面的教育；如果可以，看看是否拓展到垃圾分类、邻里关心等活动，都在社区治理的背景下开展，全部聚焦这一主题；也可以请学生、家长访问社区管理干部，了解社区管理包括哪些内容，学生可以怎样参与其中。很快，在多方努力下，学生分成快板组、气球组、展板组、传单组分头行动，进社区宣传禁放烟花爆竹。可见，寒假具有丰富的育人资源，学生能够通过寒假活动获得多方面的成长。还有浙江省武义县泉溪小学的"体验传统的年味美食"、浙江省武义县实验小学的"亲子朗读、小小糕点师、科学小实验、公益暖冬行"、河南省济源市轵城东留养小学的"走进家庭书房，点亮阅读之光"、浙江省武义县熟溪小学的"学习型家庭社群建设"等活动，都使笔者对寒假变革有了更加深刻的认识，促使笔者投入"你好，寒假！"项目研究中。

二、前期试水：形成对学生发展逻辑的新认识

自2017年寒假起，笔者便组织开展了多次假期实践活动。"过年啦"年俗文化体验活动、走访洋山深水港、寻访上海名人故居、上海博物馆和上海大世界非遗文化体验之旅、探寻绍兴文化之旅、滴水湖西岛开展"寻根问祖"活动、浙江天目和安吉君子文化的实践与探索等，以社会为大课堂，以生活为大教材，联合学校、家庭、社会的力量，推进了学生的发展。前期的试水使笔者形成了对学生发展逻辑的新认识，为开展2019年"你好，寒假！"活动打下了前期基础。

1. 发展起点：学生的生活经验与学习兴趣

2017年"过年啦"主题活动采取自主报名的方式开展。活动之前，笔者通过问卷调查，让学生和家长对本次活动提出建议。汇总调查结果时发现，建议主要集中在以下几个方面：第一，应由学生进行活动提议、设计活动、制订参观计划、细化活动方案等。第二，应帮助学生体验优质的教育资源，创设良好的学习氛围。第三，应凸显学生的主体性——活动前，学生应进行相关资料的收集；活动中，学生应参与组织管理、课堂体验、交流展示等全过程；活动后，学生应交流参观感受、分享计划或想法等。这让教师意识到，学生的生活经验与学习兴趣是活动的起点，唯有如此，才能发挥活动的价值与作用。在之后的君子文化的实践与探索活动中，笔者充分关注学生的生活经验与学习兴趣，引导学生自主策划、设计、组织、实施、评价，有效提升了学生的领导力。

2. 发展过程：综合融通与互学共进

活动可以融通学科知识，促进学生综合素养的发展。以天目山研学之旅活动为例，七年级第一学期，笔者与学生一起学习了袁宏道的游记体散文《天目》，激发了学生对"天目七绝"的好奇心。因此，笔者决定利用暑假开展一次天目山研学之旅活动。通过学生的自主策划与组织，此次研学活动顺利开展，活动融合了不同学科的知识，如数学的等比测量、科学的温度与植物生长、地理的地貌特征等，学生收获颇丰。

过程中，学生不仅对"天目七绝"有了实践性体验，还发现其他"三绝"——"骡子很犟""蝉鸣很响""紫薯很甜"。此外，活动可以促进学生群体互相学习、共同进步。以杨同学开展的"怪坡"之谜探索活动为例，暑假期间，杨同学和妈妈一同走在厦门文曾路通往半岭宫的路上，那里的"怪坡"引起了杨同学的注意。通过实地观察、网络资料查阅，结合所学的物理与数学知识，最终杨同学撰写了《揭秘"怪坡"之谜》报告，并制作成美篇分享到班级群里，与其他学生、家长一同讨论"怪坡"现象背后的原因。杨同学不仅激发了其他同学的好奇心，她好学善问的科学精神也感染着群里的每一位成员，促成了互学共进的学习氛围。

3. 发展保障：活动评价与多方参与

活动评价与多方参与是学生发展的保障。评价应渗透在活动的各个阶段，应采用多元的评价方式，以促进学生更好地发展。

在寒假生活与学期初生活重建的过程中，家长、教师、社会人士需要形成合力，共同保障学生的发展。基于对学生立场、家校合作、共同成长的追求，本活动充分整合各方面资源，促进学生发展的实现。

宝山职校俞莉娜老师：一直认为在孩子的成长路上能遇到一个好的班主任是孩子的福气。双名基地的董雪梅老师从接班开始就注重培养孩子的文化气息，一次次文化游学，从上海的名人故居开始，这次又在家长志愿者的帮助下带着全班学生开启了"天目·安吉"文化探寻。这次活动做了大量的前期准备工作，孩子们从游学方案、看什么、学什么一一筛选，到篝火晚会节目表演的准备，人人有分工。这种自发的行为在当今社会是非常稀缺的，有太多的责任，只有真正把孩子当成自己孩子的老师才敢这么做，也才会这么做。过去的两年每次孩子完成活动都会自己制作美篇，我在众多孩子制作的美篇中转发此篇——《一群永远不会分开的人，一个永远没有结局的故事》。这是一群幸运的孩子，在初中生活的两年时间里成长迅速，为这样的班主任老师点赞，为这样的职业精神点赞，你真的很优秀。

董雪梅老师回应：在两位导师的引领、兄弟姐妹们的催发下，点燃了教育情怀、眼见了务实精神、润泽了育人心田，这一切都是缘分使然！

转发至班级群：这是我双名同学的美赞，夸的是我们的班级、我们的孩子、我们的家长，当然最主要夸的还是我们这个大家庭的团结、智慧和温暖！

三、寒假变革：提升教育变革与教育参与的能力

有了前期活动的基础，笔者于2019年寒假开启"你好，寒假！"活动，将已有的教育观念转换为教育实践，提升了教育变革与教育参与的能力。

（一）挖掘丰富的育人资源

此次寒假共设置生活技能类、体育艺术类、阅读提升类等十二大类主题活动，目的在于提升学生的综合素养（见表2-2-1）。

表2-2-1　2019年"你好，寒假！"活动主题

类别	内容
生活技能类	学习买菜做饭、整理打扫房间、美化家居环境等
体育艺术类	足球、篮球、跳绳、踢毽子、才艺展示等
阅读提升类	《假如给我三天光明》《世界短篇小说集》《狼图腾》《明朝那些事儿》《基督山伯爵》《伊丽莎白一世》《生命启示录》等

类别	内容
实践体验类	寄情山水、回归精神家园、参观科技人文教育基地等
成长历程类	拜访祖辈忆童年、青春梦想进行时、憧憬未来二十年等
生涯规划类	学一种生存技能、访一个父母单位、画一张人生导图等
社会志愿类	去图书馆做义工、去敬老院看望老人、参加社区志愿者服务等
学府考察类	理想高中、理想大学、校史陈列馆、创新实验室、人文景观等
职业体验类	企业单位、事业单位、设计行业、职校行知体验等
研究探索类	家风家训家谱、上海的前世今生、临港的发展前景、研究中考风向标等
影视观赏类	《歌舞青春》《放牛班的春天》《厉害了，我的国》等
科学探究类	筷子的神力、带电的报纸、动物的繁殖等

以阅读提升类为例，2019年寒假，全班共读海伦·凯勒的《假如给我三天光明》和《世界短篇小说集》。在阅读作品的选择上，笔者进行了多方面的考虑。第一，考虑课内学习的延伸，如学习了《我的叔叔于勒》《变色龙》《二十年后》，就扩展阅读《世界短篇小说集》。第二，考虑初中阶段学生的认知特点和身心发展规律，选择可读性强、有思想性、能给人以智慧启迪的阅读作品，如《目送》和《老人与海》。第三，考虑寒假生活与学期生活的融合。学期中，刘妈妈在"家长智慧课堂"上开展了"生命教育"主题活动，引导学生热爱生命、敬畏生命，因此扩展阅读海伦·凯勒的《假如给我三天光明》。第四，考虑到阅读作品的丰富性。学生的生活空间有限，需要在阅读中进行时空的拓宽和延展，所以推荐学生阅读《狼图腾》。此外，学生也可以自主选择喜欢的阅读作品，如《明朝那些事儿》《基督山伯爵》《伊丽莎白一世》等。寒假阅读能使学生静下心来，与心灵对话、与他人交流、与世界沟通，最后成为更好的自己。

开学初，笔者将每周一次的中午阅读课交给学生，请学生结合PPT上讲台进行交流与分享。"一千个读者就有一千个哈姆雷特"，学生在聆听他人汇报、相互交流的过程中，延展生活时空、拓宽知识面、丰富精神世界。

（二）激发参与主体的积极性

本次活动注重对参与主体积极性的激发，尊重学生生命成长的自觉、教师教育使命的自觉、家长教育责任的自觉、专家学者教育理念的自觉、社会人士社会教育力的自觉。过程中，班级微信群发挥了重要作用，联结了不在同一时空的教师、家长、学生。活动过程的更新、项目收获的更新、美篇作品的分享，人人、时时、处处、事事都在传递活动的价值与收获。

附：

天目山游记

傅××

正如朱自清的《春》一文中所说的一样："盼望着，盼望着，东风来了，春天的脚步近了。"在期盼中，2018年7月28日，我们也终于迎来了期待已久的探寻文化之旅。

这次旅行的主要目的地有天目山和安吉。然而，令我印象最深刻的还是天目山。

"天目盈山皆壑，飞流淙淙，若万匹缟，一绝也。"

走进山中，连绵起伏的山峦、成片的林海，无不吸引着我们的注意力。炎热的天气并没有影响到同学们喜悦的心情，在乘车到达海拔1000米的地方时，山上吹来阵阵凉风，吹散了些许暑意。伴着这阵阵微风，我们开始向山上更高处行进。

在行进过程中，时不时会看见石阶旁清澈的溪水，虽然没有"飞流直下三千尺"的气势，也没有"月涌大江流"的壮阔，但是潺潺溪水依然欢悦相随……"蝉噪林愈静，鸟鸣山更幽"，轻微的溪流水声，让山林更显安静。

天目山景色幽美，如诗中描写的一样，果然名不虚传。

循着石阶前行，炎热的天气让我们早早喝完了携带的饮料和水，就在大家口渴难耐的时候，老师和家长志愿者忽然告诉我们，可以尝试一下山泉水的味道。大家眼前一亮，兴冲冲跑去泉水旁，用手里的空饮料瓶装了些水，仰头便往嘴里灌。山中的泉水清澈而甘甜，我们顿时精神抖擞，又大步向前迈进……

这次探寻文化之旅，给我印象最深的还是天目山幽美的景色和甘甜的泉水。平时我很少如此近距离接触大自然，这次旅行真让我大饱眼福。孔子有言："仁者乐山，智者乐水。"我想，面对如此美景，无论换作谁，都不免会心动吧。

这段看似自言自语的活动感受，反映了一个学生对于在自然中学习的好奇心和探求欲。这是不可多得的好学精神和研究状态，与在父母、教师逼迫下的学习状态形成鲜明的反差。可见，寒暑假作业的变革激发了学生自主探究的愿望，把对文字、文学、文化的喜欢融汇在寒暑假生活重建的过程中，化成自我教育的一部分。之后，杨同学与杨爸爸在班级微信群里分享了这次活动，在交流、分享、评价中，进一步激发了自身与其他同学的学习热情。

（三）关注活动的多元成效

2019年1月25日，全班共有19个学生参加了"寻梦行动——寻找心目中的理想学府"活动，占班级总人数的82.6%。此次寻梦之旅活动，整合学生、家长、教师、学校资源，聚焦资源整合、学生领导力、社会交往等关键词，在多力驱动、多环交融、互学共进中促进了学生的多方面发展。这再次启发笔者，要关注活动的多元成效。

1. 寒假生活与学科学习并非割裂的，活动可以促成两者的融合与共进

2019年2月7日，笔者在班级群里发了一份春节特别作业，邀请家长和孩子一起，共读吴迅中学于老师的女儿发在微信朋友圈里的一段佳文，并给此文拟一个题目，晚上6点截止，届时将评选出最佳题目奖和最佳创意奖两个奖项。活动吸引了家长与学生的广泛参与。在一天的时间内，实验班（参与"你好，寒假！"项目研究）23组家庭共拟出了34个题目，"梯田上的那抹光""油菜花也有芬芳""梯田的守望者"……无一不是家长与学生深度思考的成果。通过评选，最终易同学家庭的"花田十里不如你"获得最佳题目奖，周同学家庭的"那山·那田·那人"获得最佳创意奖。而对照班只有6个家庭报名参与此次活动，拟题质量也远不及实验班。

2. 寒假活动可以促成学生学习方式的转变，提升学生的学习成绩

以笔者任教的实验班和对照班为例，八年级第二学期期末考试成绩实验班明显好于对照班。究其原因，丰富的寒假生活改变了传统的学习方式和被动的学习态度，实验班学生逐渐养成了主动吸纳、互动参与的学习品质，提升了语文成绩。

3. 寒假活动可以促成家长、学生、教师的深度互动

放假前，通过问卷调查、师生访谈、小组交流，学生可以充分表达自己的意愿，家长可以更自主地参与寒假生活谋划，学生之间、家长之间、学生与家长之间有了更多的合作。寒假中，家长可以与孩子共同进行活动的策划、组织、实施与评价，通过对社会资源的挖掘，丰富孩子的寒假生活，促成亲子间的沟通与交往。学期初，家长、教师、学生又成为评价的主体，融入学生的学期生活之中。可见，教师可利用寒假这一特殊时空促成多力驱动、多环交融、互学共进的教育新样态。

总之，"你好，寒假！"项目研究搭建了教师交流、合作、互动的平台，在专家教授的引领下，笔者的学习意识被激发，开启了专业学习之路，进而引发了一系列教育变革的行动，形成了对学生发展逻辑的新认识，提升了自身教育参与与教育变革的能力。笔者将继续加强理论学习，开展实践变革，充分挖掘育人资源，致力于融通家庭生活、学校生活与社区生活，促进多主体的共同进步。